지구를 살리는 환경 이야기

물은 소중해요

이사벨 토마스 글 엘 프리모 라몬 그림 미시간 대학의 사라 휴즈 교수 서문 박정화 옮김

바나나BOOK

미시간 대학의 물 기후 과학자, 사라 휴즈 교수가 전하는 말

*사라는 물을 연구하는 과학자예요.
특히 기후 변화를 겪고 있는 우리가 어떻게 도시에서 물을 관리해야 하는지에 대해 연구해요.
사라는 다른 과학자들뿐 아니라 세계 지도자들과 함께 미래의 물 공급을 확보할 방안을 찾고 있어요.*

물은 지구에서 가장 귀중한 자원이에요. 우리의 건강을 유지해 주고, 식물과 동물이 자랄 수 있도록 도와줄 뿐 아니라 우리 일상생활의 거의 모든 분야에서 사용돼요. 우리 주변 어디를 봐도 물이 있어요. 어떠한 생명체도 물 없이는 존재할 수 없어요. 그러나 지구상에 있는 물의 양은 무한하지 않아요.

지난 수천 년간 지구상에서 물이 발견되는 장소와 모든 동식물이 이용할 수 있는 물의 양이 변화했어요. 인간이 너무 많은 양의 물을 사용함으로써 이제 우리의 물 공급이 위협받고 있어요. 우리는 대체할 수 있는 양보다 더 많은 물을 사용하고 있어요.

물을 관리하는 것은 중요한 일이에요. 기후가 변하면서 물을 더 많이 필요로 하기 때문이에요. 우리는 막대한 양의 물을 식량 생산 및 산업을 위해 사용하지만, 이제 필요 이상으로 사용하는 것을 멈춰야 해요. 우리는 해로운 화학 물질로부터 물을 보호해야 해요. 또한 다가올 미래에도 모든 사람이 안전하고 합리적이며 쉽게 이용할 수 있는 방식으로 물을 저장, 운반, 정화해야 하지요. 우리는 물을 보호하기 위해 지금 당장 행동해야 해요.

이 책을 읽고 물이 우리 삶에서 얼마나 핵심적인 역할을 하는지 느낀다면 주변 사람들에게 물의 중요성과 보호의 필요성에 대해 널리 알려 주세요. 우리 각자가 만든 작은 변화는 지구의 물을 보호하는 데 분명한 도움이 될 수 있어요.

차례

마인드맵   4

지구에는 얼마큼의 물이 있을까?   6

지구의 물   8
물의 순환   10
순수한 물   12

왜 우리는 담수가 필요할까?   14

지구상의 생명체   16
물의 사용   18
건조한 지역에서 생존하기   20
물과 인간의 몸   22

왜 이렇게 많은 양의 물을 사용할까?   24

식량 생산을 위한 물   26
가정에서의 물 사용   28
산업에서의 물 사용   30

우리는 어떻게 담수를 얻을까?   32

물 찾기   34
물을 얻기 위한 시추   36
수돗물   38
하수 처리   40

물은 충분할까?   42

충분한 물 확보   44
수질   46
과도한 물 사용   48
기후 변화의 영향   50
물을 둘러싼 분쟁   52

우리의 물 공급을 보호할 수 있을까?   54

새로운 기술   56
지역에서의 물 절약 방법   58
전 세계적인 물 절약 방법   60

물을 절약하는 방법이 있을까?   62

물을 똑똑하게 사용해요   64
모든 것을 덜 사용해요   66
세상에 알려 주세요   68

용어 해설   70
찾아보기   72

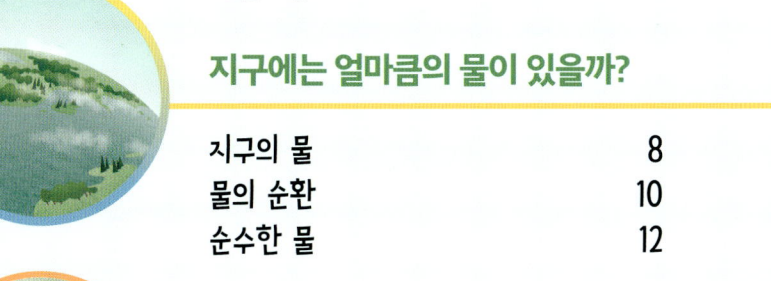
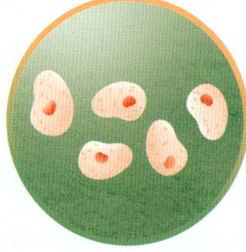

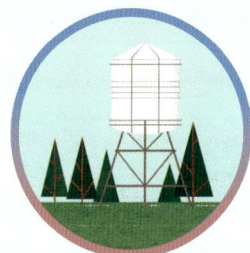

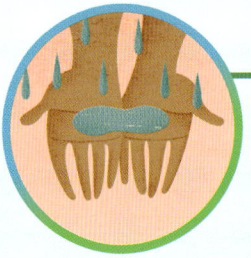

마인드맵

이 책은 '마인드맵 그림책'이에요. 마인드맵은 다양한 생각을 연결해 간단하게 보여 주는, 그림으로 된 지도예요. 복잡한 주제를 이해하기 쉽게 해 주는 매우 유용한 방법이지요. 이 책의 마인드맵은 '물은 소중해요' 라는 질문을 다루고 있어요. 각 장마다 질문이 나뉘어 이야기가 시작되지요.

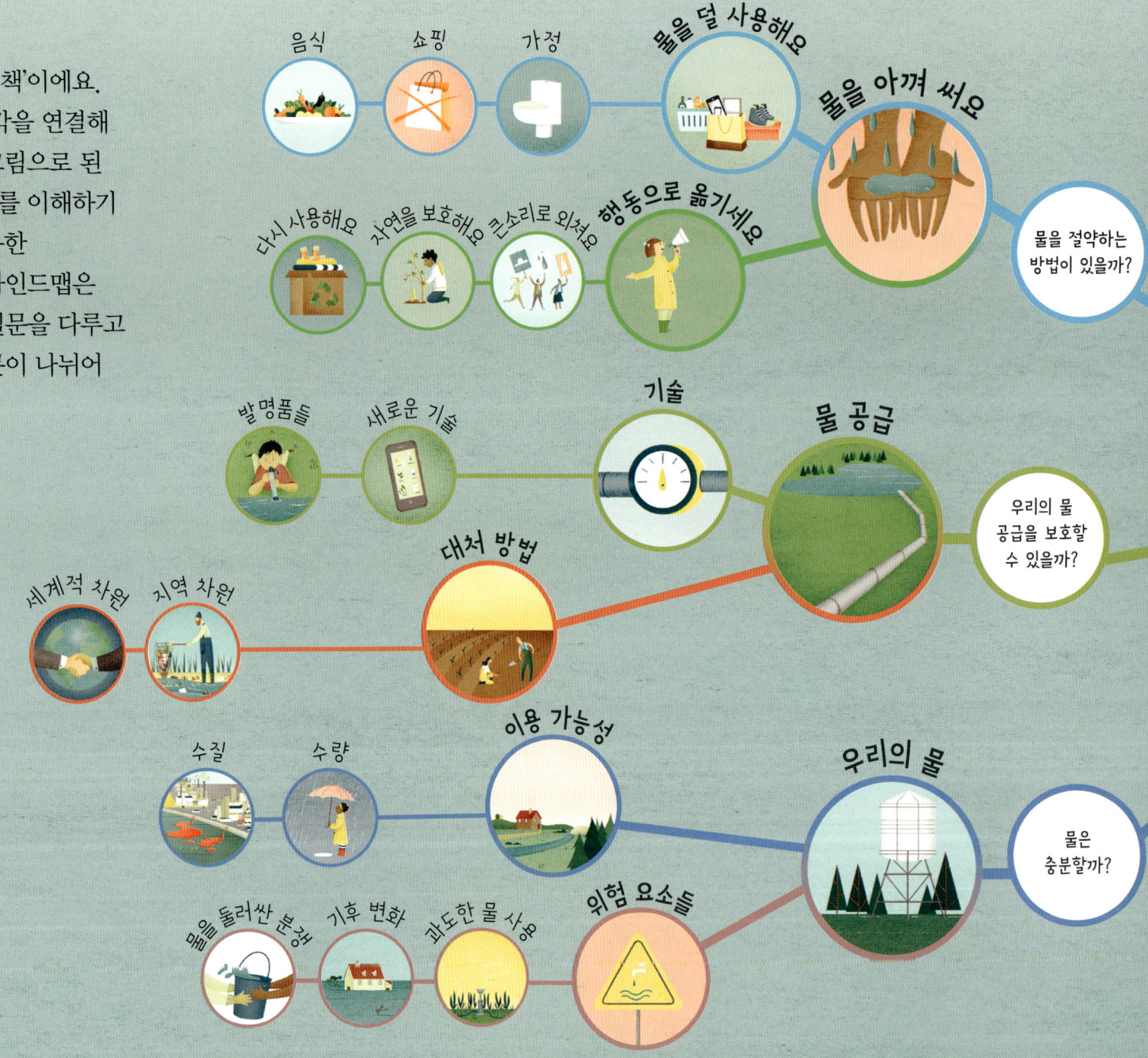

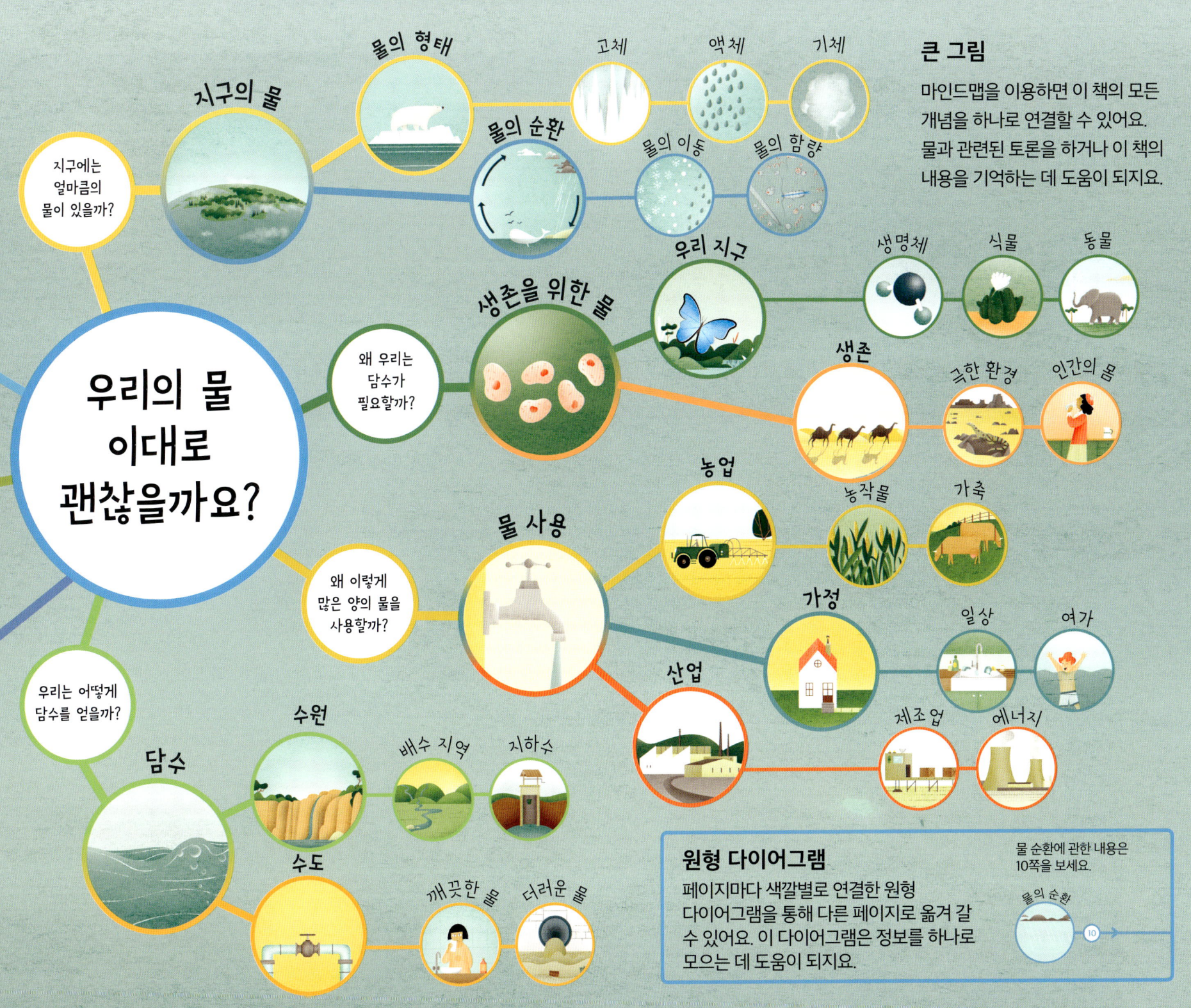

지구에는 얼마큼의 물이 있을까?

지구는 거의 3/4이 물로 덮여 있어요.
많은 물이 지구 표면에서 출렁이고 있어서 우주에서
지구를 보면 파란색으로 보여요. 물은 바다를 채우고,
빙원을 형성하며, 구름을 만들어 하늘을 떠다녀요.
물은 어디에나 있지만, 생명체가 필요로 하는
담수(염분이 없는 물)는 적은 양에 불과해요.

지구의 물

바다를 바라보거나 퍼붓는 소나기를 보면 지구에 물이 무한한 것처럼 보여요. 하지만 모든 물이 생명체가 사용할 수 있는 형태로 존재하지는 않아요.

물의 형태

물질은 고체, 액체, 기체의 형태로 존재해요. 지구 표면에서 이 세 가지 형태 모두로 발견되는 것은 오직 물뿐이에요. 이러한 물의 이례적인 특성이 생명을 유지하는 데 도움을 주지요.

- 고체 — 8
- 액체 — 8
- 기체 — 8

물의 순환

지구의 물은 순환 과정을 통해 이동하며 이 과정에서 지구에 담수를 공급해요.

- 물의 이동 — 10
- 물의 함량 — 12

8 물의 형태

지구의 물

물은 어디에나 있어요. 하늘에서 비로 내려 강물로 흐르며, 빙산으로 떠다니고, 폭포로 떨어져요. 수증기로 흘러 다니다가 눈으로 내리기도 해요. 파도가 되어 부서지며 물웅덩이에서 튀기도 하고 우박으로 떨어지기도 해요. 물은 달, 태양 등이 끌어당기는 힘에 따라 높이가 상승하고 하강하며 이슬이 되어 풀밭에서 반짝이기도 하지요. 물은 우리 발밑의 토양과 산을 이루는 바위 속에도 있어요. 물은 이동하면서 고체에서 액체 그리고 기체로 변했다가 온도가 변하면 다시 기체에서 액체, 고체로 돌아가요.

H2O

물방울을 확대해 보면, 작은 분자들이 이리저리 움직이는 것을 볼 수 있어요. 하나의 물 분자는 두 개의 수소(H) 원자와 한 개의 산소(O) 원자가 결합해 있어요. 그래서 물 분자의 화학적 기호는 H_2O가 돼요. 물방울 하나를 이루려면 엄청나게 많은 물 분자가 필요해요!

고체

지구상의 물 중 약 2%가량은 고체 형태의 얼음이에요. 얼음은 극지방의 거대한 빙원과 빙상뿐 아니라, 빙하와 떠다니는 빙산을 이루고 있어요. 또한 높은 산의 정상을 덮고 있는 만년설 속에도 존재해요.

액체

지구상의 물은 대부분 움직이는 액체 상태로 존재해요. 바다를 채우고 강물이 되어 육지의 아래로 흐르며 호수, 늪지 및 토양에 그대로 머물러 있기도 해요.

물의 상태

물은 냄새도 맛도 없으며, 대체로 색도 없어요. 하지만 특별한 성질을 가지고 있어요. 물은 지구의 징싱 온도에서 고체, 액체, 기체의 서로 다른 세 가지 형태 또는 상태로 존재하는 유일한 물질이에요.

기체

물이 기체일 때는 수증기의 상태로 존새해요. 대부분은 우리 눈에 보이지 않지만, 때로 안개의 형태로 보이기도 해요.

물의 형태 9

대기 중의 물

지구상의 물 중 극히 일부분이 대기 중에서 발견돼요. 대부분은 해수면으로부터 약 10킬로미터 사이에 분포해 있어요. 그리고 그보다 훨씬 적은 양의 물이 지구 표면에서 약 40킬로미터보다 높은 곳에 존재하는데, 그곳은 지구 표면과 우주 사이의 대략 중간 정도 위치예요.

이동과 변화

지구 표면의 온도가 변하면 물은 증발하기도 하고 식기도 하면서 상태가 변해요. 물은 고체 상태의 얼음에서 액체 상태의 물을 거쳐 기체 상태의 수증기로 변했다가 다시 물이 될 수 있어요. 이러한 변화는 물이 항상 움직이고 있다는 것을 의미하지요.

물의 순환 10

모든 생명체의 몸은 대부분 물로 이루어져 있어요.

지하수

물은 지구 표면과 공기 중에서만 발견되는 것이 아니에요. 최근 과학자들은 지하 1000킬로미터 이하까지도 물이 존재한다는 증거를 찾았어요.

물과의 관련성

지구는 푸른 행성이에요. 물은 지구 표면의 거의 모든 곳과 대기, 그리고 지하 깊숙한 곳에서도 발견되고 각기 다른 상태로 항상 움직이고 있어요.

물의 순환

매일 지구 표면은 태양에 의해 데워져요. 그리고 매일 밤 온도가 다시 떨어져요. 이 규칙적인 가열과 냉각으로 인해 바람이 불고, 물 순환이라는 중요한 과정이 일어나요. 바다에서 대기 중으로, 그리고 육지와 바다로 물의 상태가 계속 변화하며 순환돼요.

냉각
따뜻한 공기는 상승하면서 빠르게 냉각돼요. 이로 인해 따뜻한 공기가 운반하는 수증기는 응축되어 액체 상태의 물로 되돌아가요. 작은 물방울들은 꽃가루나 먼지 입자들 주위로 모여들어요.

이동
작은 물방울이 모여 구름을 만들어요. 구름 속의 물은 바람을 타고 이동하지요.

물의 이동
물 순환을 통해 움직이는 물 분자는 몇 주간 강을 따라 흐를 수도 있고, 4000년 동안을 바다에서 지낼 수도 있어요. 그러나 대기 중에는 최대 11일까지 머무른 다음 땅 위로 떨어져요.

온도 상승
태양에 의해 뜨거워진 물이 증발하거나 수증기로 변해 대기 중으로 상승해요.

물의 재순환
같은 물이 계속해서 물 순환 과정을 거쳐요. 우리가 마시는 물은 공룡, 이집트 여왕, 검치호 중 하나를 아니면 이 셋 모두를 거쳐 온 것일 수도 있어요!

티라노사우루스 렉스

이집트 여왕 네페르티티

몽골의 왕 칭기즈 칸

검치호

12 물의 순환

순수한 물

놀랍게도 지구상에서 순수한 물을 찾는 것은 거의 불가능해요. 개울, 호수, 또는 바다에서 얻은 한 방울의 물은 수정처럼 맑고 깨끗해 보일지라도 확대해서 보면 미세한 박테리아에서부터 먼지에 이르기까지 수많은 종류의 물질이 섞여 있어요. 또한 물은 대부분 염분(소금기)과 같은, 접촉했던 물질들도 포함하고 있어요. 바닷물은 너무 짜서 우리가 마실 수 없지만, 우리가 마시고 사용하는 물이 완전히 순수할 필요는 없어요.

한 방울의 물속에는
현미경으로 보면 바닷물 한 방울 안에는 수천 개의 작은 식물, 조류, 박테리아가 살고 있어요. 생명으로 가득한 하나의 작은 세상인 셈이에요!

왜 바닷물은 짠맛이 날까?
물이 땅 위로 흐르거나 흙과 바위로 스며들어 바다까지 오는 동안 많은 물질이 물에 녹게 돼요. 특히 염분은 물에 쉽게 녹는 성분이에요. 물이 증발하면서 물속에 녹아 있던 염분은 그대로 남게 되고, 시간이 지나면서 바닷물이 짠맛을 갖게 된 거예요.

바닷물
지구상에 있는 물 대부분은 바다에 염분이 있는 상태로 존재해요. 우주에서 지구가 파랗게 보이는 이유는 지구 표면의 대부분을 차지하고 있는 바닷물 때문이에요.

물의 순환 13

물질의 용해

용해는 고체의 물질이 녹아 액체 상태가 되는 혼합법이에요. 물질이 사라져 버리는 것처럼 아주 작은 입자들로 분해되지요. 물에 설탕을 섞으면 설탕이 녹는 것과 같아요. 물은 모든 종류의 물질을 아주 잘 녹이지요.

지구는 물 순환 과정을 통해 계속해서 담수를 공급받아요. 물은 비 또는 눈으로 지표면에 떨어져요.

가정에서 28

담수

담수는 호수, 강, 눈, 얼음 등에서 발견돼요. 담수는 바닷물과 비교하면 염분을 거의 포함하고 있지 않아요. 담수는 지구의 물 중 겨우 2.5%에 불과하지만, 이마저도 대부분은 빙원이나 빙하 혹은 깊은 땅속에 있어요.

물과의 관련성

물은 물질을 용해하는 놀라운 능력이 있어요. 이것은 담수가 쉽게 오염될 수 있다는 의미이기도 해요. 자연에서 얻는 대부분의 담수는 마시기 전에 오염 물질을 깨끗이 걸러 내는 정화 과정을 거쳐야 해요.

마실 수 있는 물

인간을 포함한 육지의 모든 동식물은 담수를 마셔야 생명을 유지할 수 있어요. 지구는 충분한 물을 보유하고 있지만 담수와 같은 물은 귀한 자원이에요.

왜 우리는 담수가 필요할까?

식물과 동물은 수십 억 개의 세포로 구성되어 있으며, 세포들은 모두 함께 작용해요. 각 세포는 대부분 물로 이루어져 있어요. 물이 세포의 부피와 형태를 유지해 생명체가 자신의 모양을 유지할 수 있도록 하지요. 또한 물은 세포들이 영양분과 산소를 공유하고, 노폐물을 제거하며, 체온을 조절할 수 있게 해 줘요.

생존을 위한 물

지구상에 물이 있는 곳은 어디든지 생명체가 존재해요. 인간을 포함한 모든 생명체는 성장하고 생존하기 위해 물이 필요해요.

우리 지구

지구상의 식물과 동물은 대부분 물로 이루어져 있으며, 각각 다른 방식으로 물을 사용해요.

생명체

16

식물

18

동물

19

생존

육지의 식물과 동물은 신선한 물에 의존해요. 매우 건조한 곳에 사는 생명체는 물을 얻는 특별한 기술을 가지고 있어요.

극한 환경

20

인간의 몸

22

지구상의 생명체

태양계 내에서 지구와 다른 행성의 차이는 쉽게 발견할 수 있어요. 지구만이 푸른 바다와 흐르는 강물, 소용돌이치는 구름, 크고 하얀 빙원을 가지고 있어요. 오직 지구만이 우주에서도 보일 만큼 충분한 양의 물을 가지고 있지요. 물은 태양계 내에서 지구가 생명체로 가득한 하나의 행성일 수 있는 이유예요. 지구에서 생명체를 살아갈 수 있게 하는 것이 바로 물이니까요.

새는 60%

많은 식물의 90%가 물로 이루어져 있어요.

인간의 몸은 60~70%의 물로 이루어져 있어요.

생명체

단단한 뼈와 강한 근육에도 불구하고 우리 몸의 반 이상은 물로 채워져 있어요. 물은 모든 생명체가 살아가기 위해 필요한 핵심 요소이므로 식물과 동물은 반드시 수분을 보충해야 하지요. 이것이 바로 생명체가 갈증을 느끼는 이유예요!

물고기의 몸은 물이 70% 이상 치지해요.

해파리 중 일부는 95%가 물로 이루어져 있어요!

물 보충하기

지구라는 행성

지구의 생명체는 약 40억 년 전 바다에서 시작되었어요. 오늘날 수많은 동식물이 육지에서 살고 있지만, 여전히 물이 꼭 필요해요.

수성

수성에는 액체 상태의 물이 없지만 우주 탐사선이 깊은 분화구 바닥에서 얼음 상태인 극소량의 물을 감지했어요.

물이 없는 수성에서 생명체는 살아갈 수 없어요.

물과의 관련성

지구는 태양계에서 물이 존재하는 유일한 행성이에요. 지구의 모든 생명체는 몸에 물을 포함하고 있으며 동시에 물을 사용해요. 물이 없으면 지구상의 생명체는 살아갈 수 없어요.

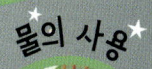

물의 사용

금성

금성은 한때 얕은 바다가 있었어요. 이 물이 증발하면서 이산화탄소가 대기 중에 쌓여 마치 온실처럼 행성이 뜨거워졌어요.

금성은 너무 뜨거워서 액체 상태의 물이나 생명체가 존재할 수 없어요.

화성에는 한때 생명체가 존재했을 수도 있어요.

화성

화성에도 지구와 마찬가지로 극지방에 빙원이 존재해요. 화성의 계곡과 협곡은 한때 이곳에도 액체 상태의 물이 흘렀다는 것을 말해 주지요. 그러나 이 물은 아주 오래전에 우주로 빠져나갔거나 암석 내부에 갇혀 있어요.

물의 사용

무성한 덩굴에서부터 표범에 이르기까지, 모든 생명체는 물이 필요해요. 물은 산소나 음식물 등의 물질과 잘 섞여서 이 물질들이 세포 안팎과 생명체 주변으로 자연스럽게 이동할 수 있도록 돕지요. 물은 세포 내에서 화학 반응이 일어나는 데 중요한 역할을 하며, 이러한 화학 반응은 식물이나 동물에게 에너지를 공급해요. 식물과 동물이 물을 흡수하고 사용하는 데에는 여러 가지 방법들이 있어요.

식물의 세포 내부

식물의 세포는 핵 주변이 세포질로 채워져 있는데, 세포질은 대부분 물이에요. 이 세포질이 세포의 모양을 유지하도록 도와줘요. 얇은 세포막이 액체 상태의 세포질을 감싸고 있고 강한 세포벽은 세포가 다치지 않도록 보호해요.

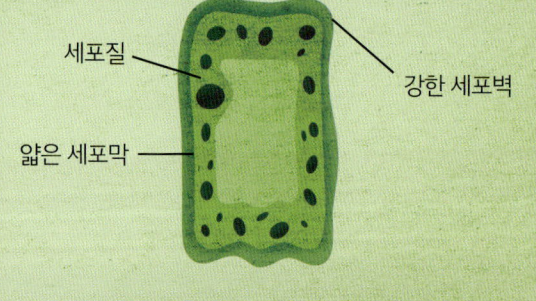

세포질 · 강한 세포벽 · 얇은 세포막

순수한 물

12

영양분 만들기

녹색 식물은 태양 에너지를 이용해서 물 분자를 분해해요. 그리고 그 분자의 일부로 스스로 영양분을 만든 다음, 나머지 산소는 공기 중으로 내보내지요.

물이 없으면 식물은 시들어요.

위로 흐르는 물

식물의 아주 좁은 관 속에서, 물은 중력이 당기는 힘에 대항하여 위쪽으로 흘러요. 이것을 모세관 현상이라고 부르는데 물이 식물의 뿌리에서 잎으로 이동하는 방법이에요.

뿌리는 흙에서 물을 흡수해요.

물은 흙 사이의 작은 틈으로 흘러요.

열 저장소

물은 다른 물질에 비해 천천히 가열되고 냉각돼요. 이것은 생명체가 일정한 온도를 유지하도록 도와줘요.

우리 지구

지구상의 생명체

동물의 세포 내부

동물의 세포는 핵 주변이 세포질로 가득 차 있지만 얇은 세포막만 있을 뿐 강한 세포벽은 없어요. 외부로부터 영양분과 기능성 물질들을 흡수하고 세포끼리 원활한 상호 작용을 위해서예요.

세포질 — 얇은 세포막

식물의 물길

나뭇잎에서 만들어진 영양분은 식물의 다른 모든 부분으로 전달되어야 해요. 키 큰 나무의 경우 영양분이 100미터 높이까지 이동해야 할 수도 있어요! 식물들은 영양분을 물에 녹여 수액으로 만들지요. 수액은 식물 전체로 흘러요.

안과 밖

동물은 먹고 마시는 과정을 통해 물을 흡수해요. 혈액(피)과 기타 체액은 다른 물질들이 물과 섞인 거예요. 이 액체들이 각 세포로 영양분을 실어 나를 뿐 아니라 노폐물도 운반하지요.

1억 년 이상 모습을 간직한 고대어 아로와나 (arowana fish)

압력을 받는 상태

공기와 물은 압력을 가지고 있어서 생명체에 힘을 미쳐요. 이 압력은 바다 깊은 곳에서 가장 크게 작용해요. 하지만 각 세포 안에 있는 물이 이 두 압력 사이의 균형을 이루기 때문에 물속에 사는 생물들도 모양을 유지할 수 있어요.

물과의 관련성

물은 생명체의 세포 안팎으로 중요한 물질을 전달하고 운반해요. 물은 세포 안에서 세포가 일할 수 있는 에너지를 만들도록 도와주는 등 다른 어떤 물질도 할 수 없는 일을 하지요.

건조한 지역에서 생존하기

사막은 세계에서 가장 건조한 서식지예요. 보통의 사막은 매년 일반 열대 우림에 비해 1/10도 안 되는 적은 비가 내려요. 대부분의 식물들은 물이 너무 적으면 생존할 수 없어요. 사막이 그토록 황폐하게 보이는 이유는 식물이 부족하기 때문이에요. 하지만 세계에서 가장 건조한 지역인 나미브 사막에도 몇몇 식물과 동물이 살고 있답니다. 이들에게서 독특한 특징과 행동을 볼 수 있는데 아주 놀라운 방법으로 물을 모으고 있어요.

건조한 사막에서의 삶

나미브 사막은 남아프리카 서해안을 따라 발달해 있어요. 서늘하지만 세계에서 가장 건조한 지역 중 하나예요. 몇 해 동안 비가 전혀 내리지 않을 때도 있어요. 바위와 모래로 가득한 이 지역에 사람은 거의 살지 않지만, 몇몇 식물과 동물들은 물을 얻는 방법을 찾아 살아가고 있지요.

오릭스 무리

먹이에서 물 얻기

생명체의 몸속에는 물이 들어 있어요. 나마쿠아 카멜레온은 자기 몸의 색을 바꿔 모래 속에 몸을 숨겨요. 그리고 벌레, 딱정벌레, 메뚜기 같은 먹이에 몰래 접근해 잡아먹으며 물을 섭취해요.

안개에서 물 얻기

해안을 따라 발달해 있는 사막에서는 안개가 종종 사막까지 밀려와요. 엄지손톱만 한 거저리 한 마리가 엉덩이를 공중으로 쳐들고 거꾸로 서서 반나절 기다려요. 그러면 안개에서 응축된 물방울이 울퉁불퉁한 날개 위에 내려앉아 몸을 타고 내려와 입으로 흘러 들어가요.

물 절약

사막 포유류들은 아주 최소한의 물을 소비해요. 황금두더지는 사막에 살지 않는 두더지보다 아주 메마르고 농축된 변과 소변을 배출해요.

생존 21

극한 환경에서의 생활

사막은 덥고 바람도 많이 불어요. 지표면의 물이 증발해 비로 내리기에는 물의 양이 너무 적어요.

지구상의 열임계

물의 공급원
오릭스는 며칠 동안 물 없이도 지낼 수 있어요. 오릭스와 같은 영양과의 동물들은 식물을 먹어 물을 얻고, 때로 물을 얻기 위해 땅을 파기도 해요.

물과의 관련성
사막의 식물과 동물들은 섬세한 균형 속에서 살아가요. 물은 그들의 생존에 필수적이에요. 따라서 사막에 아주 작은 변화라도 일어나면 엄청난 영향을 줄 수 있어요. 인간이 사막 식물들에 해를 끼친다면, 사막 곤충과 동물들은 물의 공급원을 잃게 되지요.

물 저장하기
리돕스 식물이 가진 두 개의 돌멩이 같은 잎은 물을 최대한 저장하고 있어요. 돌멩이 같은 모양을 하고 있어서 목마른 동물들로부터 자신을 보호할 수 있어요.

자가 급수
웰위치아 식물은 잎이 여러개로 보이지만 사실 잎의 갯수는 두 개예요. 잎은 바람에 의해 찢기고 갈라지며 길게 자라요. 잎은 안개를 흡수해 응축된 물을 얻어 뿌리로 보내요.

웰위치아는 무려 2,000년 동안 살 수 있어요!

온도 유지
코끼리땃쥐는 낮에는 시원하고 밤에는 따뜻한 모래 속에 굴을 파고 들어가 온도를 유지해요. 곤충이나 다른 벌레들을 잡아먹으며 물을 얻지요.

물과 인간의 몸

다른 생물들처럼 우리 인간의 몸도 60~70%가 물로 이루어져 있어요. 물은 우리의 세포 그리고 모든 장기와 조직에 분포되어 있어요. 또한 물은 우리가 필요로 하는 필수 미네랄과 영양소를 몸의 모든 부분으로 운반하는 혈액의 주요 성분이기도 해요. 따라서 우리는 건강을 유지하기 위해 매일 2리터 이상의 물을 섭취해야 해요. 인간이 물을 마시지 않고 버틸 수 있는 기간은 대략 3일 정도밖에 안 돼요.

눈물

눈물은 우리의 기분을 나타내 줄 뿐 아니라, 눈에 들어간 먼지와 이물질을 씻어 냄으로써 우리의 눈을 깨끗하게 유지해요.

물 보충하기

우리 몸은 소변과 땀을 내보내면서 수분을 잃게 돼요. 또한 숨 쉴 때마다 수증기 상태로 수분을 내보내요. 만약 갈증을 느낀다면 몸에 물이 부족하다는 의미이기 때문에 음료나 물을 마셔야 해요.

생존 23

식수

체내 흐름 돕기

우리 입 안에 있는 침, 그리고 우리 몸의 소화 기관을 덮고 있는 미끄러운 점액은 대부분 물이에요. 침과 점액은 음식이 소화 기관을 통해 분해되고 이동하도록 도와주지요. 관절액은 관절을 움직이게 하고 뇌액은 뇌를 보호해요.

우리의 체내 수분량

우리 몸의 어떤 부분들은 다른 부분들보다 더 많은 물을 포함하고 있어요. 우리의 치아조차도 8~10%의 수분으로 이루어져 있어요!

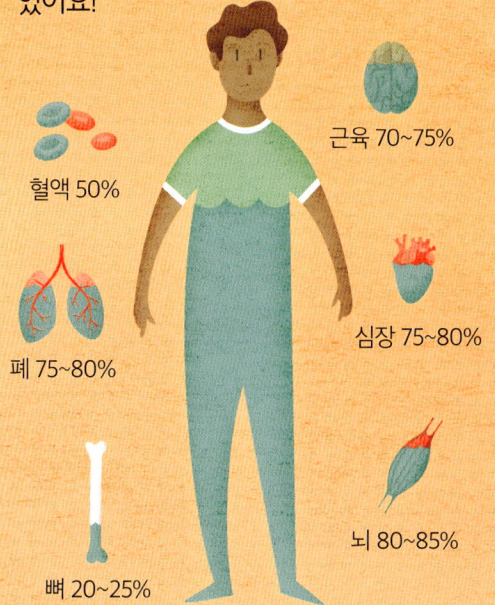

혈액 50%
폐 75~80%
뼈 20~25%
근육 70~75%
심장 75~80%
뇌 80~85%

체온 유지

물은 체온을 조절하는 데 중요한 역할을 해요. 우리의 혈액과 조직 속에 있는 물이 근육에서 발생하는 열을 내려 주지요. 우리의 피부는 땀을 방출하고, 땀이 증발하면서 몸의 열을 식혀 주지요.

운동할 때 보통 시간당 작은 컵으로 하나 분량의 물이 폐에서 소비돼요.

운반 체계

피는 물을 포함하고 있어 우리의 몸 구석구석을 흘러요. 피는 우리의 몸 전체로 빠르게 퍼져 영양분과 산소를 전달하고 노폐물을 모아요.

물과의 관련성

모든 인간은 몸이 물을 사용하고 소비하기 때문에 매일 담수를 섭취해야 해요. 우리가 물을 마시는 것은 필수적이에요. 우리가 섭취하는 물의 1/3은 일반적으로 음식을 통해 얻어요.

왜 이렇게 많은 양의 물을 사용할까?

우리는 매일 마시고, 씻고, 요리하고, 청소하기 위해 물을 사용해요. 게다가 물은 우리가 구매하고 사용하는 모든 것을 만들 때에도 필요하지요. 전기와 의류, 음식과 인터넷, 종이, 그리고 교통 등 물은 생각보다 많은 곳에 사용된답니다.

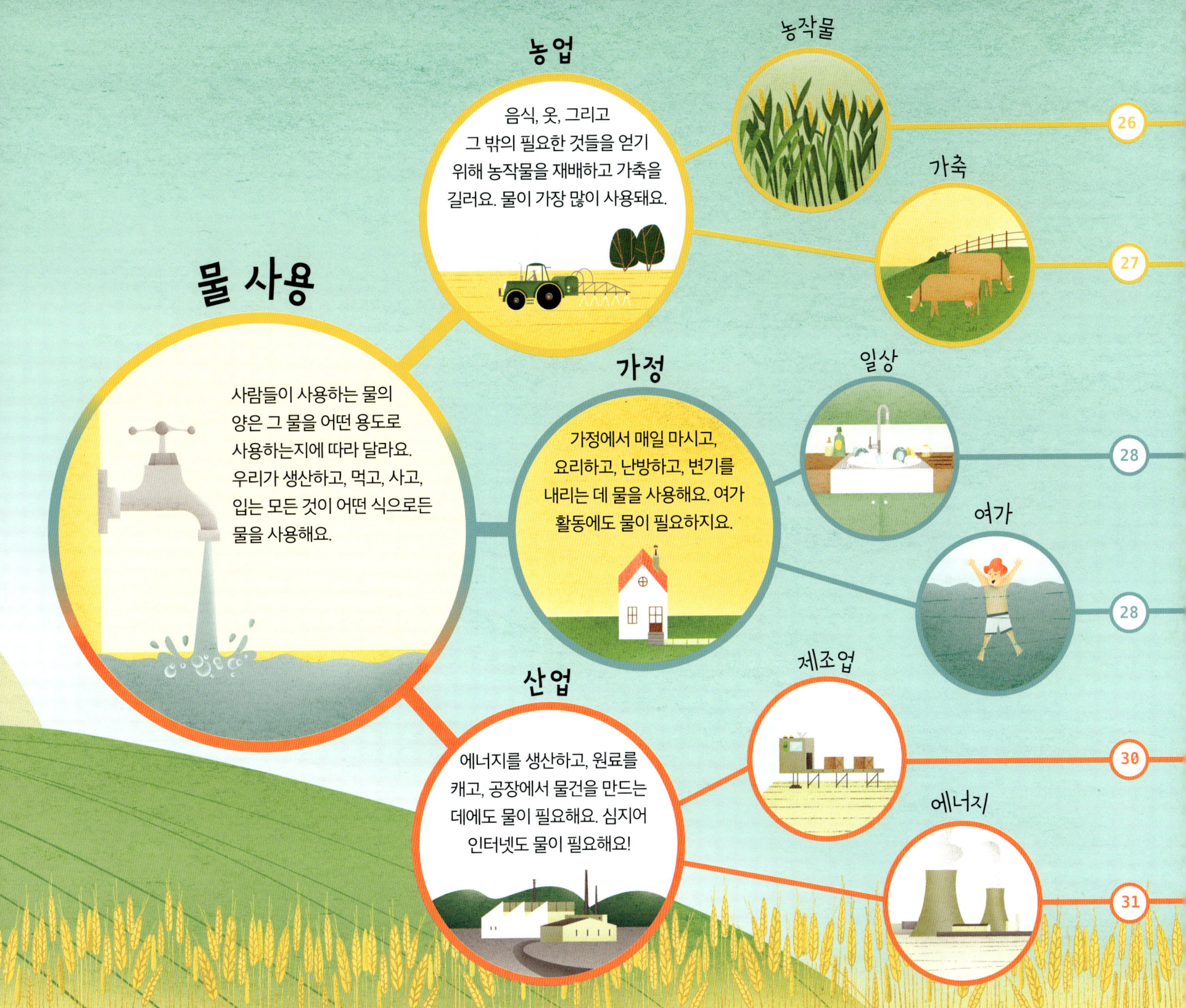

식량 생산을 위한 물

우리는 다른 어떤 것보다 농업을 위해 많은 물을 사용해요. 사실 담수의 약 3/4 정도가 농작물에 물을 주거나 가축을 기르는 데 사용돼요. 세계 인구가 증가함에 따라 우리는 훨씬 더 많은 식량이 필요해졌어요. 농장들은 지금보다 더 많은 식량을 생산해야 할지도 몰라요. 동시에 일부 지역은 물 부족으로 사람들이 충분한 음식을 먹지 못하고 있어요. 우리는 농작물과 가축을 기르면서 물을 덜 소비하는 방법을 찾아 실천해야 해요.

농작물을 위한 난방 장치

농사에 사용되는 모든 물이 농작물에 뿌려지는 것은 아니예요. 물은 온실을 데우고 농작물이 저장된 저장고의 온도를 유지하는 데에도 사용돼요.

농작물은 강우량 (비가 내린 양)이 많을 때 잘 자라요.

농작물 재배

농작물을 재배하려면 물이 필요해요. 일부 지역에서는 비가 많이 와 충분한 물을 얻지요. 반면 건조한 지역의 농부들은 농작물에 물을 주기 위해 강에서 물을 끌어다 써요.

수질 오염

많은 농작물에는 화학 물질인 살충제나 농약이 뿌려져요. 이 화학 물질이 강으로 흘러 들어가 수질 오염의 주요 원인이 되지요.

가뭄

51

농업 27

가축 사육

고기, 유제품, 달걀과 같은 동물성 식품을 생산하는 데는 농작물을 재배하는 것보다 약 1.5배 더 많은 물이 사용돼요. 농장의 가축들은 일 년 내내 마실 물이 필요해요. 또한, 가축의 먹이를 기르는 데도 물이 사용되고 축사를 청소하는 데도 물이 쓰여요.

가공식품

물 사용은 농장에서 끝나지 않아요. 농장과 식품 생산자들은 판매를 위해 농작물을 씻고, 공장에서 고기를 가공하고, 식품을 포장하는 데 물을 사용해요.

붉은 고기

8개의 소고기 버거를 만드는 데 15,000리터의 물이 필요해요. 이것은 같은 양의 곡물이나 뿌리채소를 재배하는 것보다 20배나 더 많은 양의 물이에요.

고기를 적게 먹어요

유제품

유제품을 만들 때 냉각과 살균을 위해 물이 사용돼요. 1리터의 우유를 생산하는 데는 약 8리터의 물이 필요해요.

66

물과의 관련성

농업이 물을 가장 많이 소비한다는 점에서, 농업은 물이 고갈되면 가장 위험해져요. 농업의 규모를 줄이고 물이 순환하는 과정에서 오염을 줄이는 방법을 생각해야 하지요.

가정에서의 물 사용

사람들은 보통 매일 수십 리터의 물을 사용해요. 어떤 사람들은 훨씬 더 적게 사용하기도 하고 어떤 사람들은 그보다 훨씬 더 많이 사용하기도 해요. 우리는 마시는 용도뿐 아니라 씻고, 요리하고, 청소하고, 난방하고, 주변을 시원하게 하고, 변기를 내리는 데에도 물을 사용해요. 또한 식물에 물을 주기도 하고, 즐기기 위해 수영장에 물을 채우기도 하지요. 물은 우리가 집에서 하는 거의 모든 부분에 필요해요.

마시는 물
각 가정에 수돗물을 공급하기 전에 물을 깨끗하게 처리해서 안전하게 마실 수 있게 해요.

체온 유지

스포츠와 놀이
많은 양의 물이 여가 활동을 위해 사용돼요. 하지만 건조하고 비가 많이 오지 않을 때는 생활에 꼭 필요하지 않은 물 사용을 줄이는 것이 좋아요.

주방
물은 요리에도 사용되지만 주방에서 가장 많은 양이 사용되는 것은 설거지예요. 수도꼭지는 1분에 약 20리터의 물을 쏟아 내요!

청소
식기 세척기로 그릇을 닦고 걸레를 빠는 것까지, 우리는 청결을 위해 많은 양의 물을 사용해요.

세상의 많은 정원에는 물을 주며 가꿔야 하는 식물들이 있는데 이들은 빗물만으로 살아남을 수 없어요.

산업에서의 물 사용

옷과 장난감에서 전기와 인터넷에 이르기까지 우리가 매일 사용하는 것들을 만들고 사용하기 위해서는 엄청난 양의 물이 필요해요. 플라스틱병 하나를 생산하는 데만 3리터 이상의 물이 필요하니까요. 이것은 병 하나가 담을 수 있는 물보다 훨씬 많은 양의 물이에요. 때로는 우리나라의 제품을 만드는 데 다른 국가의 물이 사용되기도 해요. 유럽과 같이 비가 많이 오는 일부 지역에서는 산업에 거의 농업과 비슷한 양의 물이 사용돼요. 제품을 만들고 운반하는 데 사용되는 물도 물 발자국에 포함된답니다.

자동차

자동차 한 대를 생산하는 데 거의 150,000리터가 넘는 물이 필요해요. 매년 전 세계에서 8억 4천만 대 이상의 자동차가 생산되니 어머어마하지요.

세계 담수의 약 1/5은 우리가 일상생활에서 사용하는 물건들을 생산하는 데 사용돼요.

채광 및 채석

땅에서 원료를 캐낼 때 물은 다양한 방법으로 사용되지요. 물은 땅에서 채굴한 암석의 불순물을 씻어 내는 데 도움을 주고, 집을 짓는 재료인 시멘트를 만드는 등 대부분의 작업에 사용돼요.

온라인 상태 유지

온라인을 이용한 영상 통화, 스트리밍 및 게임을 하기 위해서는 데이터 센터의 수많은 서버들이 높은 열을 발생시켜야 해요. 그 열을 식히기 위해 매일 수백만 리터의 물이 필요해요.

산업 31

바이오 에너지는 사탕수수와 같은 농작물에서 추출합니다.

자동차 타이어 하나를 만드는 데 약 1,800리터의 물이 필요해요.

에너지 생산

모든 종류의 에너지 생산에는 물이 필요해요. 물은 발전소에서 증기를 냉각시키는 데 사용되며 에너지를 생산하고 처리하는 데에도 사용돼요. 여기에는 태양, 바람, 물 등을 이용한 녹색 에너지원을 비롯해 수소 에너지, 바이오 에너지의 원료가 되는 작물에 공급하는 물도 포함돼요.

물을 덜 사용해요 → 67

종이

A4 한 장의 종이를 생산하는 데 10리터 정도의 물이 필요해요. 나무들은 토양에서 물을 흡수해요. 제지 공장에서 종이를 만드는 데도 물이 사용돼요.

옷

섬유 산업은 직물을 이용해서 옷 등을 만들어요. 섬유 산업은 세계에서 가장 거대한 물 소비원 중 하나예요. 목화는 특히 물이 많이 필요한 작물이며, 면 티나 청바지를 만드는 과정에서도 엄청난 양의 물이 사용돼요.

물과의 관련성

산업에서도 많은 물이 소비돼요. 하지만 산업에서 사용하는 물은 대체로 가정이나 농장에서 사용하는 물만큼 깨끗할 필요가 없어요. 그래서 물을 절약할 수 있는 분야로 산업을 주목하고 있어요.

우리는 어떻게 담수를 얻을까?

세계에는 80억 명의 사람들이 있고 사람은 모두 깨끗하고 신선한 물이 필요해요! 물은 개울, 저수지, 그리고 우물을 포함한 여러 장소에 있어요. 청결과 안전을 위해, 물은 각 가정의 수도꼭지에서 흘러나오기 전에 여과 및 정화 과정을 거쳐야 해요.

물 찾기

우리가 어디에 살든, 우리는 모두 유역 내에 있어요. 유역은 비나 눈으로 내린 물이 흐르거나 모인 땅의 언저리를 말해요. 호수, 강, 바다 주위가 될 수도 있고 지표면 아래로 물이 흐를 수도 있어요. 우리는 우리가 사는 유역에서 물을 공급받아요. 호수, 개울, 또는 녹고 있는 빙하에서 담수를 얻기도 하고 우물을 이용해 지하수를 끌어올리거나 저수지를 만들어 물을 얻기도 하지요.

물의 순환 ⑩

수원(물의 공급원)

과거에는 사람들이 강 근처에 정착하거나 물을 찾기 위해 이곳저곳으로 이동해야 했어요. 하지만 지금은 대부분의 사람들이 수도관을 통해 집까지 물을 직접 공급받을 수 있게 되었어요.

지하수

토양과 암석들 사이로 물이 흘러 들어가 지하에서 발견되는 물이에요. 지하수 중 일부는 샘과 강으로 흘러 다시 지표면으로 나와요.

물 저장

저수지는 필요할 때 쓰기 위해 물을 모아 두는 큰 호수로 일반적으로 사람들에 의해 만들어져요. 댐은 강을 막아 물의 흐름을 조절해요.

수원 35

물 운반  39

아래로 흐르는 물
아래로 향하는 중력의 힘은 물이 높이가 높은 곳에서 낮은 곳으로 흐르게 해요. 언덕이나 산은 물의 흐름을 나누고 방향을 바꿀 수 있어요.

수량
유역의 낮은 곳에서 사용할 수 있는 담수의 양은 얼마나 많은 비나 눈이 내렸는지에 달려 있어요. 담수가 흐르면서 증발하거나 사람들이 쓰는 양도 영향을 주지요.

수질
지역에 따라 물의 수질은 해당 유역의 더 높은 곳에서 무슨 일이 일어나고 있는지에 따라 달라져요. 농장, 공장, 그리고 광산은 물을 오염시킬 수 있고, 그 오염된 물은 하류로 흘러가요. 따라서 유역을 깨끗하게 유지하려면 세심한 관리가 필요해요.

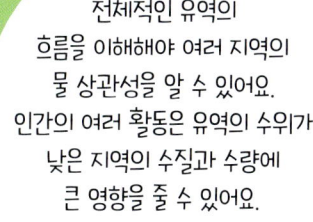

마을과의 관련성
전체적인 유역의 흐름을 이해해야 여러 지역의 물 상관성을 알 수 있어요. 인간의 여러 활동은 유역의 수위가 낮은 지역의 수질과 수량에 큰 영향을 줄 수 있어요.

36 수원

물을 얻기 위한 시추

거의 모든 담수는 토양과 암석 사이의 공간에 갇힌 채 지하에서 발견돼요. 이러한 담수를 지하수라고 해요. 강이나 호수와 같은 땅의 겉면에 나와 있는 물보다 접근하기 어렵지만, 땅속에 구멍을 뚫어서 지하수를 얻을 수 있어요. 지하자원을 탐사하기 위해 땅속 깊이 구멍을 파는 일을 시추라고 해요. 적어도 세계 인구의 절반이 지하수로 깨끗한 담수를 공급받고 있어요.

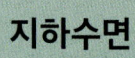

산업에서의 물 사용 30

지하수면
지표면 아래에 있는 지하수의 높이를 지하수면이라고 해요. 지하수면은 계절, 날씨, 그리고 기후에 따라 상태나 양이 변해요.

대수층
지하수를 함유한 지층을 대수층이라고 불러요. 우물은 대수층까지 땅을 파야 얻을 수 있어요. 주변 암석에 의해 빠져나갈 길이 꽉 막히면 물이 자연스럽게 위로 솟아올라요. 때때로 물을 표면까지 끌어올리기 위해 펌프를 사용하기도 해요.

암석 및 토양
땅 밑에 있는 암석의 형태에 따라 얼마큼의 지하수를 얻을 수 있는지가 달라져요. 어떤 암석들은 물이 통과할 수 있는 균열이 있어 물이 모여 지하수가 잘 형성되지요.

수원 37

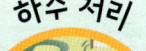

하수 처리
40

수원의 변천

과거에는 마을과 도시들이 강이나 호수와 같은 지표수 가까이에 생겨났어요. 오늘날은 마을과 도시가 더 거대해져 대수층에 의존해요. 따라서 대수층의 지하수가 너무 빨리 소비되지 않도록 세심하게 관리하고 지하수가 다시 채워질 시간도 확보해야 해요.

뜨거운 지표면

현대 도시와 마을에는 도로, 인도, 주차장과 같이 포장된 지역이 많아요. 그래서 빗물은 지하로 스며들어 대수층을 다시 채우기 전에 증발하거나, 강으로 흘러가요.

천연 샘

일부 지역에서는 대수층의 지하수가 표면으로 밀려나 샘이 되요. 사람들은 샘에서 물을 쉽게 얻을 수 있지만, 대수층이 오염될 수 있어요.

붕괴의 위험

대수층에서 너무 많은 물을 사용하게 되면 토양이나 암석은 물이 빠져나간 빈 곳의 영향으로 무너질 수 있어요. 이로 인해 대수층 바로 위의 지표면이 가라앉을 수 있어요.

꽉 찬 대수층은 바로 위의 땅을 지탱해 줘요.

만약 대수층이 빈다면, 바로 위의 땅이 가라앉을 수 있어요.

매일과의 관련성

대수층은 특히 마을과 도시를 위한 담수의 중요한 원천이에요. 비가 지하로 스며들어 고이는 시간보다 더 빨리 대수층의 물을 소비하지 않도록 노력이 필요해요.

수돗물

수도는 가정이나 공장, 회사 등에 관을 통해 물을 보내 주는 설비예요. 보통 대기업이나 정부에 의해 많은 사람에게 제공돼요. 여러 원천에서 추출한 담수는 해로운 박테리아를 제거하기 위해 여과 및 정화 과정을 거쳐요. 그런 다음 펌프와 수도관을 통해 가정과 직장으로 전달돼요. 수도 설비가 갖춰진 지역에서는 수도꼭지를 틀기만 하면 쉽게 물을 쓸 수 있어서, 우리는 물이 여기까지 오는 과정과 그 방법에 대해 거의 생각하지 않아요.

가정에서의 물 사용

인권

유엔은 모든 인간이 물을 마실 권리가 있다고 선언했어요. 국가는 모든 사람이 안전하고 깨끗하며 적정한 가격의 물을 마시고 건강을 유지할 수 있도록 보장해야 해요.

물 관리

대부분의 국가에서는 정부가 물을 깨끗하게 관리하고 제공해요. 일부 국가에서는, 기업들이 특정 지역에 사는 사람들에게 물과 정화 서비스를 제공하기 위해 사업에 참여하기도 해요.

물 정화

물은 가정이나 직장으로 보내지기 전에 정화가 필요해요. 이것은 우리가 해로운 물질이 포함된 물로 인해 병에 걸리지 않도록 예방하기 위해서예요.

환경 보호

수도 사업은 환경에 피해를 끼치지 않는 방법에 대해 생각해야 해요. 어떤 수원에서든 너무 많은 물을 소비하면 해당 지역의 동식물에 심각한 해를 끼칠 수 있으니까요.

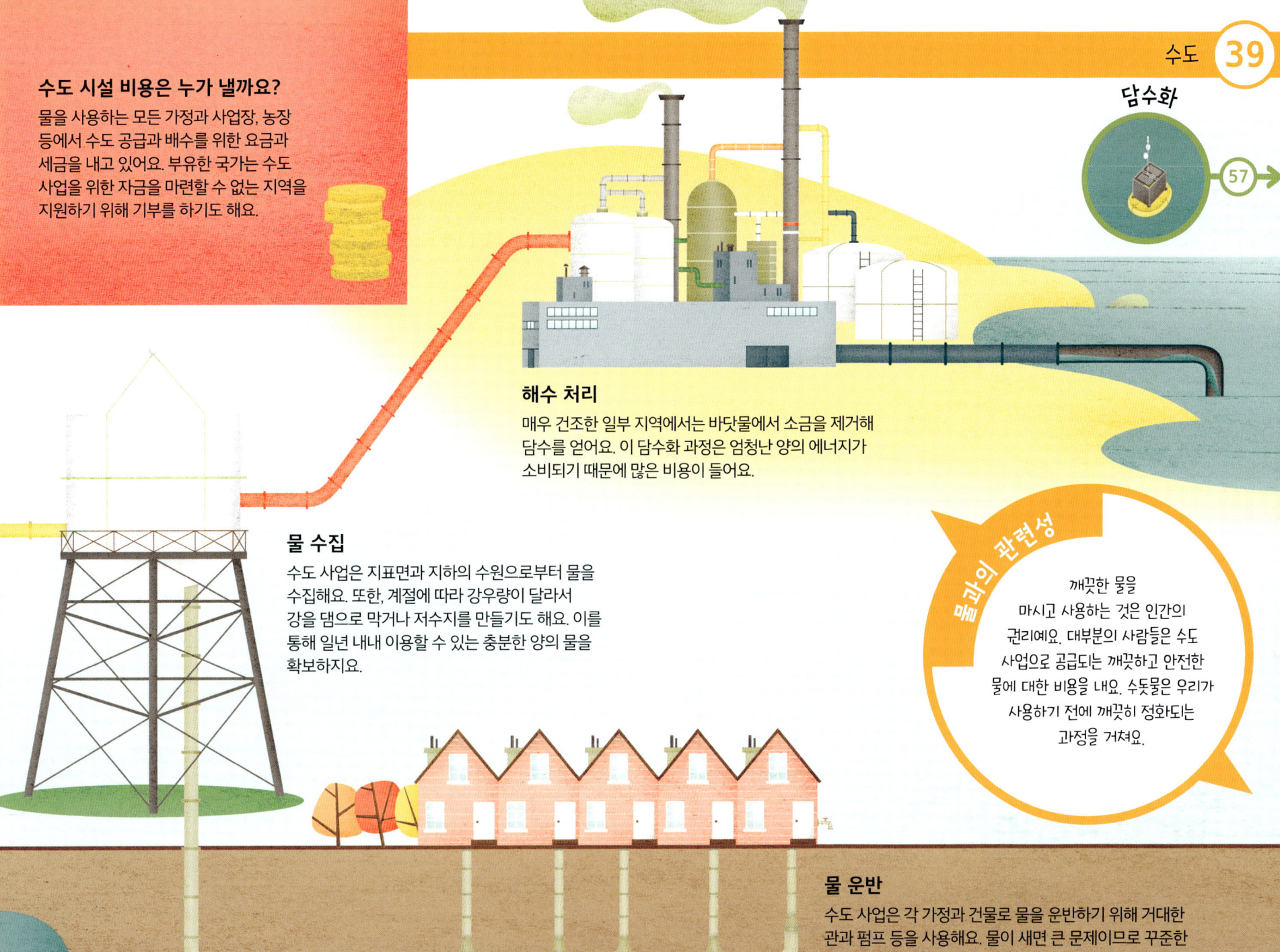

수도

수도 시설 비용은 누가 낼까요?
물을 사용하는 모든 가정과 사업장, 농장 등에서 수도 공급과 배수를 위한 요금과 세금을 내고 있어요. 부유한 국가는 수도 사업을 위한 자금을 마련할 수 없는 지역을 지원하기 위해 기부를 하기도 해요.

담수화

해수 처리
매우 건조한 일부 지역에서는 바닷물에서 소금을 제거해 담수를 얻어요. 이 담수화 과정은 엄청난 양의 에너지가 소비되기 때문에 많은 비용이 들어요.

물 수집
수도 사업은 지표면과 지하의 수원으로부터 물을 수집해요. 또한, 계절에 따라 강우량이 달라서 강을 댐으로 막거나 저수지를 만들기도 해요. 이를 통해 일년 내내 이용할 수 있는 충분한 양의 물을 확보하지요.

매일의 관련성
깨끗한 물을 마시고 사용하는 것은 인간의 권리예요. 대부분의 사람들은 수도 사업으로 공급되는 깨끗하고 안전한 물에 대한 비용을 내요. 수돗물은 우리가 사용하기 전에 깨끗이 정화되는 과정을 거쳐요.

물 운반
수도 사업은 각 가정과 건물로 물을 운반하기 위해 거대한 관과 펌프 등을 사용해요. 물이 새면 큰 문제이므로 꾸준한 유지 관리가 필요해요.

하수 처리

수도 사업의 역할은 담수를 수도꼭지까지 보내는 것으로 끝나지 않아요. 수도 사업은 우리가 배출하거나 흘려보내는 모든 폐수를 처리할 책임도 있어요. 오염된 물은 지하 배수관이나 하수관을 통해 하수 처리 시설로 운반돼요. 일단 오염 물질과 세균을 제거하는 정화 과정을 거치면 강, 호수, 또는 바다로 방류되어 다시 물 순환 과정에 합류할 수 있어요. 일부 물은 정화 과정을 거쳐 곧장 상수도로 되돌아가 각 가정과 회사 등에서 사용되지요.

폐수에는 무엇이 들어 있을까?

폐수에는 오염 물질이 포함되어 있어요. 우리가 변기에 흘려보내는 모든 것, 그리고 도로 배수로로 떠내려가는 것뿐 아니라 음식 찌꺼기, 플라스틱 섬유, 화학 물질, 약물 및 페인트도 포함될 수 있어요. 때때로 고체 폐기물이 한데 모여 커다란 덩어리를 형성해 배수관을 막기도 해요.

산업 폐수의 흐름

수도 41

정화 과정

정화된 폐수는 마실 만큼 깨끗하지는 않아도, 환경에 해를 끼치지 않을 정도는 되어야 해요. 하지만 안타깝게도 항상 그렇지는 않아요.

하수 처리장에서

떠다니는 큰 물질을 걸러 낸 다음, 하수는 적어도 세 단계의 처리 과정을 거쳐요. 이를 통해 고형 폐기물, 위험한 화학 물질, 그리고 해로운 박테리아 등이 제거돼요.

고형 폐기물이 대형 탱크에 가라앉았어요.

탱크 내부에서는 미생물들이 해로운 박테리아와 오염 물질을 분해해요.

미생물들이 물에서 제거돼요. 깨끗해진 물은 재사용되거나 자연으로 돌아가요.

폐수의 여정

각 가정에서 쓴 폐수는 배수관을 따라 빠른 속도로 내려가 큰 하수로로 흘러가요. 그곳에서 이웃들의 폐수와 섞인 다음, 하수 처리 시설로 이동해요.

오염된 물 → 46

물과의 관련성

폐수를 정화하는 것은 수도 사업에서 하는 중요한 일이에요. 하지만 전 세계적으로 엄청난 양의 폐수가 처리되지 않은 채 강, 호수, 그리고 바다로 버려져요. 수질 오염의 주요 원인 중 하나랍니다.

물은 충분할까?

지구상에는 많은 양의 물이 있지만 물이 어디에 얼마큼 있는지는 지역마다 달라요. 수백만 명의 사람들이 담수가 부족한 지역에 살고 있어요. 깨끗하고 신선한 물에 접근조차 할 수 없는 안타까운 상황이에요.

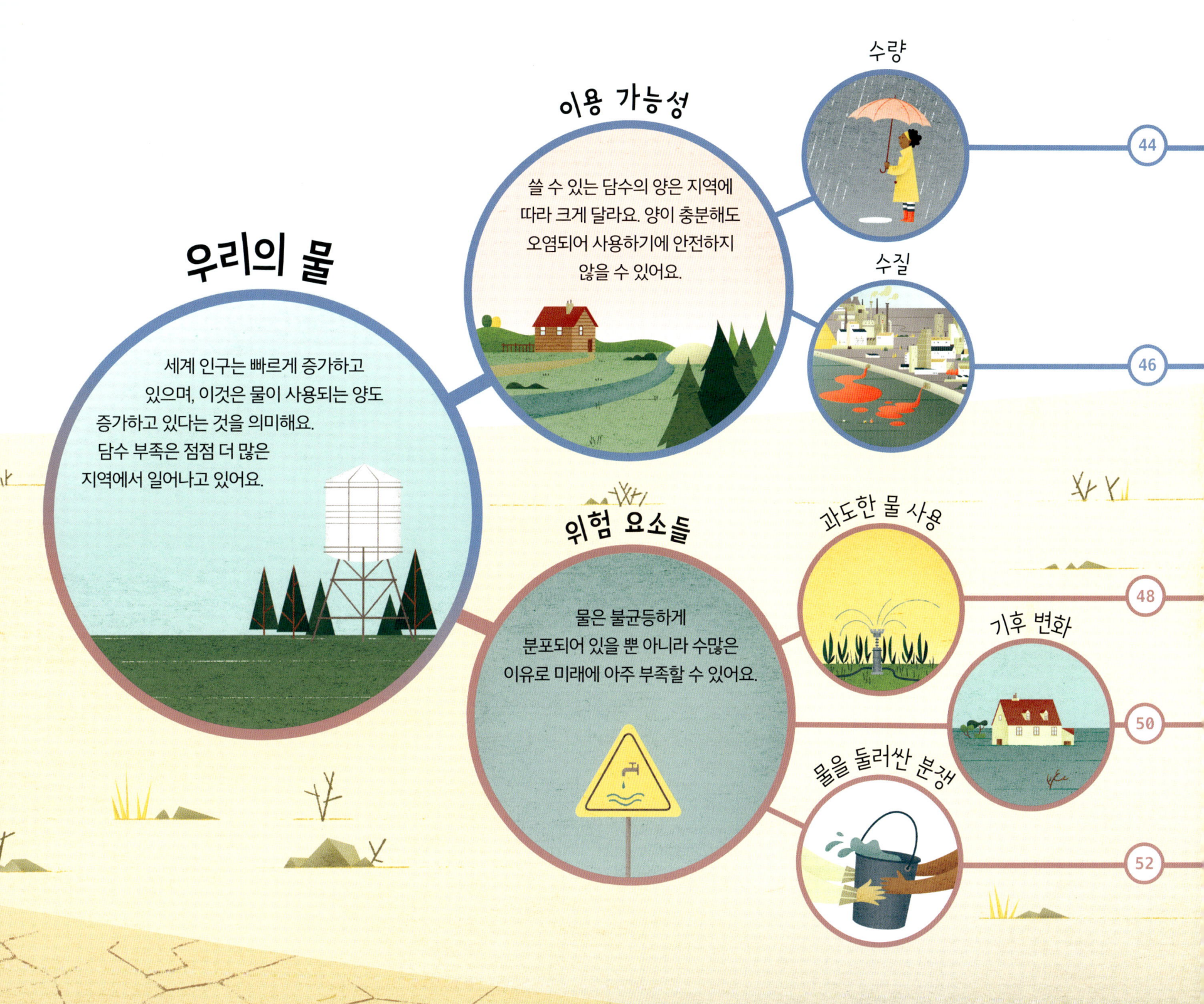

44 이용 가능성

충분한 물 확보

지구에는 물이 매우 많지만, 우리가 쓸 수 있는 담수는 고르게 분포되어 있지 않아요. 다른 지역들보다 훨씬 더 많은 비가 내리는 특정 지역의 물을 모든 사람이 충분히 사용할 수 있도록 먼 곳까지 운반하는 것은 어려운 일이에요. 따라서 어떤 사람들은 씻고, 변기를 내리고, 마실 수 있는 풍부한 양의 물을 가지고 있지만 수백만 명의 다른 사람들은 마실 수 있는 물조차 부족해 힘든 하루를 보내고 있어요.

수원

물이 풍부한 지역

일부 지역에서는 사람들이 사용하는 물의 양보다 더 많은 비가 내려요. 물에 대한 태도는 사는 곳과 활동의 종류에 따라 크게 달라져요.

물이 있는 삶

집에 깨끗하고 안전한 물이 나오는 것을 우리는 당연하게 여기지요. 그래서 우리는 일상생활에서 물을 종종 낭비해 버려요. 하지만 세계의 모든 사람이 이렇게 살 수 있는 것은 아니에요.

샤워나 목욕을 할 때 많은 양의 물이 사용돼요.

설거지할 때 수도꼭지를 계속 틀어 놓으면 많은 양의 물이 낭비돼요.

화장실 변기 물을 내릴 때도 많은 양의 깨끗한 담수가 사용돼요.

이용 가능성 45

물과 위생

코로나 바이러스와 같은 전염병으로 인해 손 씻기가 아주 중요해졌어요. 하지만 전 세계 약 30억 명의 사람들은 물이 부족해 집에서조차 안전하게 손을 씻을 수가 없어요.

이주

→ 52

물 부족

전 세계 인구의 약 절반에 해당하는 사람들은 매년 적어도 한 달 동안 물이 부족해 고통받을 정도로 건조한 지역에 살고 있어요. 물 부족은 반드시 필요한 만큼의 물이 없다는 것을 의미해요.

상수도 시설이 제공되지 않는 삶

일부 지역에서는 비가 거의 내리지 않아 호수와 저수지가 메말라 균열이 발생해요. 전 세계 인구의 열 명 중 한 명은 걸어서 30분 이상 떨어진 곳에 깨끗하고 저렴한 물이 있어요. 전 세계 인구의 1/4이 자신의 집에 깨끗한 물이 나오지 않아 불편을 겪고 있어요.

물과의 관련성

사람들은 일상적인 삶을 살기 위해 믿을 수 있는 수도 시설이 필요해요. 그러나 물은 지구상에 불균등하게 분포되어 있어요. 우리는 물이 부족한 지역에 물을 공급할 방법을 찾아야 해요.

세탁기는 물을 많이 소비하고 우리는 필요 이상으로 세탁기를 자주 돌려요.

집 안의 식물에 물을 주기 위해 수돗물을 사용하지만 사실 식물들은 빗물을 더 좋아해요.

우리가 마시는 물은 가정에서 쓰는 물의 전체 양으로 보면 아주 적은 양이에요.

46 이용 가능성

수질

사람들이 씻고 마시고 사용하는 물은 깨끗해야 하며 해로운 오염 물질이 없어야 해요. 하지만 전 세계적으로 적어도 1/4 이상의 사람들은 선택의 여지가 없어서 매일 오염된 물을 마시고 있어요.

농장에 의한 오염

비가 오면 농장에서 동물성 폐기물과 화학 비료가 빗물에 씻겨 강이나 호수로 흘러들어요. 이러한 물질들은 환경을 해치고 자연 서식지를 파괴할 수 있어요.

무엇이 우리의 물을 오염시키는 걸까?

우리가 사용하는 물은 화학 물질, 유해 미생물, 또는 플라스틱 쓰레기와 같은 물질에 의해 오염될 수 있어요. 이 세 가지 유형의 오염 물질은 일반적으로 인간이 실수로 버리거나 고의로 버리는 것들이에요.

사람들에 의한 오염

우리는 종종 일상생활에서 살충제나 자외선 차단제와 같은 화학 물질을 사용해요. 이러한 화학 물질은 우리가 수영하거나 씻을 때 물에 녹아들어 가요.

가정에서의 물 사용 28

하수에 의한 오염

인간이 배출하는 하수는 수질 오염의 주요 원인 중 하나예요. 세계 모든 강의 약 1/3은 처리되지 않은 하수가 흘러 세균으로 오염되어 있어요.

식수에 의한 위험

적어도 1억 2,200만 명의 사람들이 강과 호수에서 직접 식수를 얻어요. 만약 그 물이 병균으로 오염되면 콜레라, 이질, 그리고 장티푸스와 같은 질병을 퍼뜨리게 되지요.

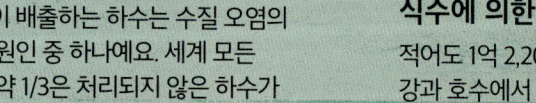

이용 가능성

오염된 물은 얼마나 해로울까?

매년 약 10억 명의 사람들이 안전하지 않은 물을 마시거나 사용해 병에 걸리고, 그중 거의 2백만 명에 이르는 사람이 사망해요.

하수 처리

산업에 의한 오염
공장, 발전소, 그리고 광산은 많은 양의 물을 사용해요. 그 물이 그대로 자연으로 돌아가게 되면 그 물에 포함된 해로운 화학 물질과 오물이 물을 오염시키고 환경에 해를 끼쳐요.

폐수
전 세계 폐수의 약 80%가 정화 과정을 거치지 않고 강과 바다로 흘러가요. 여기에는 도로에서 씻겨 떠내려온 화학 물질과 먼지도 포함돼요.

연료에 의한 오염
선박 연료에 들어 있는 기름과 화학 물질이 유출되면 물을 오염시키고 바닷새와 물고기, 돌고래, 거북이와 같은 해양 생물에게 재앙이 될 수 있어요. 심지어 산호초를 포함하는 바다 생태계 전체를 파괴할 수도 있어요.

플라스틱에 의한 오염
우리가 버리는 쓰레기도 물을 오염시켜요. 분해하는 데 수백 년이 걸리는 엄청난 양의 플라스틱도 마찬가지예요.

물과의 관련성

물이 오염되면 사람들은 질병에 걸리고 동물이 위험에 처하는 등 심각한 피해를 볼 수 있어요. 수질 오염을 예방할 수 있도록 수질 오염의 원인을 아는 것은 매우 중요해요.

48 위험 요소들

과도한 물 사용

한 지역에서 담수의 1/4 이상을 인간이 사용하게 되면, 그 지역은 물 스트레스 상태에 있다고 말해요. 때때로 물이 순환해 회복되는 속도보다 더 빠르게 소모될 때, 물 스트레스는 물 부족으로 이어질 수 있어요. 물 부족은 꼭 필요한 양에 비해 물이 충분하지 않은 경우를 말해요. 오늘날 전 세계 담수에 대한 사용량은 100년 전보다 6배나 늘어났기 때문에 물 스트레스와 물 부족 현상이 모두 증가하고 있어요.

대수층

이동하는 물
식품은 전 세계로 운송되며 생산된 곳에서 멀리 떨어진 지역에서도 소비돼요. 이것은 농작물과 동물 제품 내부에 포함된 물이 전혀 다른 장소에서 물 순환 과정을 겪는다는 것을 의미하지요. 그러는 동안 그 식품이 생산된 농장들이 있는 지역은 물 부족으로 어려움을 겪어요.

과도한 물 사용의 위험
세계 대수층에 자리한 물의 약 1/3이 물 순환 과정을 통해 보충되는 것보다 더 빠른 속도로 소모되고 있어요. 오래된 배관들은 누수가 발생해 물 손실을 일으킬 수 있어 관리가 필요해요.

서식지 파괴
무분별한 개발로 삼림이 파괴되어 물 공급을 위협하고 있어요. 삼림 파괴는 공기와 물이 이동하는 지구의 자연 순환 주기를 방해할 수 있어요.

위험 요소들 49

인구 증가

세계 인구가 증가함에 따라 물 사용량도 증가하고 있어요. 세계 인구 중 절반 이상이 미래에 담수가 부족할 수 있는 지역에 살고 있어요.

더 많은 돈, 더 많은 물

지난 100년간 물 사용량은 새로 태어나는 아기의 수보다 두 배 이상 빠르게 증가했어요. 사람들은 집에서 깨끗한 담수를 사용할 수 있게 되었고 만드는 데 많은 물이 필요한 물건들을 살 여유가 생겼기 때문이에요.

가뭄

도시에서의 물
도시에서는 물을 많이 사용해요. 도시 중 일부는 담수원이 있지만 사람들에게 물을 공급할 수 있는 수도 시설이 제대로 갖춰져 있지 않기도 해요. 그런 곳에서 부유한 사람들은 물값을 지급할 수 있지만, 그렇지 못한 사람들은 충분한 물을 구하기 어려워요.

기상 현상
보통 일 년 중 가장 더운 시기에 가장 많은 물을 사용하지만 때때로 비가 내리지 않아 수원지가 가물 때도 있어요. 가뭄은 수년 동안 계속될 수 있는데, 이것은 사람뿐 아니라 가축들과 동물들의 식량이 되는 농작물을 생산할 수 없다는 뜻이기도 하지요.

물과의 관련성
우리가 물을 낭비하고 여러 가지 문제로 지구상의 물이 점점 더 빠르게 줄어들면서 전 세계 모든 대륙에 영향을 미치고 있어요. 거대한 담수 자원이 있는 지역조차도 위험해지고 있어요.

기후 변화의 영향

사람들은 공장, 가정에 에너지를 공급하고 자동차 연료로 사용하기 위해 대량의 석탄, 석유와 천연 가스를 태워요. 이러한 화석 연료를 태우면 대기 중에 이산화 탄소가 방출되고, 전 세계적으로 기온 상승과 기후 변화가 발생해요. 결국 기후 변화로 빙하가 녹고 해수면이 상승했을 뿐 아니라 거대한 폭풍을 포함하는 극심한 기후 변화가 생겼어요. 홍수 및 가뭄과 같은 기후 변화로 더 많은 지역의 물이 부족해지기 때문에 기후 변화는 전 세계의 물 분배를 바꾸고 있어요.

물의 순환

홍수

최근 몇 년간 기후 변화로 인해 폭우가 더 심해졌고, 해수면이 상승하면서 빙하가 녹기 시작했어요. 이러한 변화는 세계 일부 지역에 더 파괴적인 홍수를 가져와 위험을 증가시키고 있어요.

홍수의 위험성

홍수는 지표수가 갑자기 증가할 때 발생해요. 이것이 물 부족으로 이어진다는 것이 이상하게 보일 수도 있지만, 홍수가 지표면으로 흘러 오염 물질을 품은 채 지하수와 만나게 되면 지하수가 오염되어 사용하기에 안전하지 않아요.

물의 이동

기후 변화는 지구 대기의 수증기 양과 움직임을 바꾸고 있어요. 이로 인해 일부 지역은 더 강렬한 가뭄을, 다른 지역은 홍수 위험이 발생해요.

가뭄

평소보다 긴 기간 동안 비가 내리지 않아 물 부족으로 이어지는 것을 가뭄이라고 해요. 기후 변화로 인해 여러 지역에서 가뭄이 더욱 빈번하게 발생하고 있어요.

건조한 지역에서 생존하기

가뭄의 위험

기온이 높아지면 물이 더 많이 필요해요. 물은 몸을 건강하고 시원하게 유지하는 데 필요하고, 특히 농작물을 키우는 데도 필수적이에요.

우리가 아무것도 하지 않으면 어떻게 될까?

기후 변화로 인한 가뭄은 우리의 농작물과 식량 생산을 위협하고 있어요. 과학자들은 기후 변화에 대처하지 않으면 2050년까지 전 세계 인구의 절반 이상이 물 부족으로 인한 위험에 처할 것으로 예측하고 있어요.

지표수의 감소

가뭄에는 논밭과 작물에 충분한 물을 공급하기 어려워요. 호수, 저수지, 습지와 같은 지표면 수원이 빠르게 말라 버리기 때문이에요.

물과의 관련성

기후 변화는 물 공급을 더 불확실하게 만들고 있어요. 이미 물 부족으로 고통받고 있는 지역에서는 더 큰 위협을 느끼지요. 우리가 무언가 하지 않는 한 물 부족은 계속 심각해질 거예요.

물을 둘러싼 분쟁

모든 사람에게 충분히 깨끗하고 신선한 물을 공급하는 것은 세계가 직면한 가장 큰 문제 중 하나예요. 정부, 기업 및 개인 모두 자신들의 물 공급을 보호받기 위해 경쟁하고 있으며 이로 인해 서로 충돌이 일어나기도 해요. 최초의 물 분쟁은 4,500년 전 이라크의 한 도시에서 발생했어요. 이 도시는 운하를 채우기 위해 강의 흐름을 바꾸었고 그 과정에서 다른 도시로 흘러가던 물을 차단했어요. 오늘날 세계의 지도자들도 같은 문제에 직면하고 있어요. 즉, 다른 나라의 물 공급에 영향을 미치지 않으면서 물 부족에 어떻게 대처할 것인가에 대해 고민하고 있어요.

인권 38

이주
물 부족 문제에 직면하게 되면 많은 사람이 깨끗한 수자원이 있는 곳으로 이동할 거예요. 과학자들은 2030년까지 수억 명의 사람들이 가뭄 때문에 이동해야 할 위험에 처할 거라고 예상하고 있어요.

전 세계 90%의 국가가 적어도 한두 개의 다른 국가들과 수자원을 공유하고 있어요.

협력
물을 둘러싼 갈등을 피하기 위해서는 국가와 지역 사회가 공유 수자원을 보호하기 위해 협력해야 해요. 여기에는 기후 변화에 대처하는 조치도 포함돼요.

위험 요소들 53

물 저장

많은 양의 물을 저장하고, 언제 어디로 흐를지 모를 물을 통제하기 위해 강을 가로질러 거대한 댐이 건설되지요. 하지만 때때로 하류에 사는 사람들의 물 공급에 어떠한 영향을 미칠지 고려하지 않고 건설해 문제가 되기도 해요.

상수도 변경

댐은 상류 지역에 사는 사람들에게 안정적으로 물을 제공하지만, 하류 지역에 도달하는 물의 양을 줄일 수 있어 분쟁으로 이어져요.

물을 얻기 위한 여행

일상적으로 물을 공급받지 못하는 사람들은 물을 얻기 위해 매우 먼 거리를 이동해요.

물과의 관련성

세계의 물은 인간이 만든 경계와 상관없이 공유 자원이 되어야 해요. 국가들은 수자원을 잘 관리하고 물 분쟁을 피하기 위해 서로 긴밀하게 협력해야 해요.

우리의 물 공급을 보호할 수 있을까?

충분한 담수를 찾는 것은 이미 세계 많은 지역의 시급한 문제예요. 지금부터 대처하지 않으면 앞으로 이 문제는 계속 커질 거예요. 전 세계의 물 공급을 위한 다양한 방법이 연구되고 있으며 우리가 모두 함께 노력해야만 좋은 결과를 이룰 수 있어요.

물 공급

과학은 상수도를 보호하고 새로운 담수원을 발견하는 데 도움을 줄 수 있어요. 그리고 우리는 물을 사용하는 방식을 바꿔야 해요.

기술

창의적인 아이디어는 우리가 물을 공급하고 관리하는 데 도움을 줄 수 있어요. 생태계를 보전하기 위해 실천할 수 있는 새로운 방법을 찾는 것은 매우 중요해요.

새로운 기술

56

발명품들

57

대처 방법

한 지역에서 내린 결정이 수천 미터 떨어진 곳에 사는 사람들에게까지 영향을 미칠 수 있어요. 전 세계의 물 공급을 보호하기 위한 노력이 필요해요.

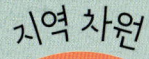

지역 차원

58

세계적 차원

60

새로운 기술

수천 년간, 사람들은 담수를 얻기 위해 기술을 발전시켜 왔어요. 고대 수메르인들은 농작물에 물을 인공적으로 공급하기 위한 관개 설비를 발명했어요. 고대 이집트인들은 나일강의 물을 정화하기 위해 필터를 만들었고, 고대 로마인들은 언덕을 관통하고 계곡을 가로질러 물을 운반하기 위해 수로를 건설했어요. 오늘날 과학자와 엔지니어들도 물 스트레스와 물 부족 문제에 대한 새로운 해결책을 찾기 위해 열심히 연구하고 있어요.

수질

가정에서 물 절약하기

기술은 우리가 가정에서 물을 절약하는 데 도움을 줘요. 변기 안에 절수 장치를 설치하는 것과 같이 매우 간단한 것에서부터 스마트 미터(원격 전력 검침 관리 장치)와 같은 첨단 기술에 이르기까지 매우 다양해요.

스마트 미터는 실시간으로 에너지 사용량을 알려 낭비하지 않도록 도와줘요.

새로운 수원 찾기

기술은 숨겨진 수자원을 찾을 수 있도록 도와요. 최근 과학자들은 미국의 동쪽 해안 근처에 있는 대서양 밑에서 거대한 대수층을 발견했어요.

공동체적 차원에서의 물 절약

사람들이 현금 인출기에서 현금을 찾는 것을 본 적이 있을 거예요. 혹시 기계에서 물을 찾는 것을 본 적이 있나요? 드링크웰 워터는 스마트 기술을 이용해서 사람들이 기계에서 물을 빼 쓸 수 있게 하지요. 많은 사람이 하나의 상수도를 공유하는 지역에서 물 손실을 줄이는 데 도움이 되는 기술이에요.

수질 개선

라이프 스트로우는 오염된 물을 깨끗하게 해 주는 휴대용 정수 빨대로 물을 안전하게 마실 수 있게 해 줘요.

기술 57

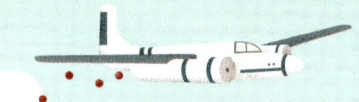

인공 강우
항상 필요한 곳에 비가 오지는 않아요. 인공 강우는 구름에 물질을 첨가하여 빗방울을 형성함으로써 비를 내리게 해요.

농장에서 물 절약하기
스마트 관개 기술은 인공위성을 이용해 우주에서 기후와 강우량을 관찰해요. 이 정보는 농부의 휴대 전화로 전송되어 필요한 장소와 시간에만 물을 쓸 수 있도록 도와줘요.

움직이는 물
거대한 아이디어도 있어요. 그중 하나는 물이 부족한 도시로 빙산을 견인하는 것입니다. 큰 빙산을 먼 거리까지 이동하면서 동시에 녹지 않게 막는 것은 아주 어려운 일일 거예요.

새로운 종류의 농작물
농부들은 물을 덜 필요로 하고 가뭄에 강한 농작물을 재배하기 위해 연구하고 있어요. 그뿐만 아니라 토양 없이 식물을 기를 수 있는 방법도 연구하고 있어요!

담수화 프로젝트는 파도를 따라 움직이는 부표를 사용하여 바닷물을 담수로 만들어요.

바다에서 온 물
바닷물은 염분을 제거해 담수로 바꿀 수 있어요. 이를 담수화라고 하며 많은 양의 에너지가 필요해요. 이 에너지를 재생 가능한 에너지원에서 얻을 수 있다면, 담수화는 미래에 중요한 수원이 될 거예요.

물과의 관련성
물 부족 문제를 한번에 해결할 수 있는 과학 기술은 없어요. 세계의 물 공급을 보호하기 위해서는 우리가 물을 관리하고 사용하는 태도와 방식을 바꿔야 해요.

바닷물

12

대처 방법

지역에서의 물 절약 방법

지역의 수자원을 보호하는 가장 좋은 방법은 간단해요. 우리가 이미 이용하고 있는 물을 더 잘 관리하고 모든 사람이 사용할 수 있도록 만드는 거예요. 우리가 가진 물을 깨끗이 관리하고 낭비를 줄인다면 많은 물을 절약할 수 있어요. 세계은행은 이러한 일을 수행하는 데 세계 총 자산의 약 1/1,000에 해당하는 비용이면 충분할 것이라고 밝혔어요. 더불어 모든 사람에게 물이 제공되는 혜택은 사용되는 비용보다 훨씬 크고 편할 거예요.

누수 관리하기

집 안의 누수를 고쳐서 물 낭비를 줄일 수 있어요. 수도꼭지에서 물 한 방울이 떨어지면 1년에 1,000리터 이상의 물이 새고, 변기 탱크에서 물이 새면 하루에 100리터의 물이 낭비될 수 있어요!

배관 누수

물 적게 사용하기

지역의 물 사용량을 다 함께 줄이는 것은 실현 가능한 일이에요. 일부 지역에서 물을 아끼기 위한 계획을 수립하고 실천으로 옮겨 물의 사용량을 절반으로 줄일 수 있다는 것이 입증되었어요.

손실 줄이기

많은 나라에서, 물이 각 가정에 도달하기 전에 배수관에서 새어 나와 손실되고 있어요. 배수관 누수를 막는 것이 가장 쉽게 물을 절약할 수 있는 시작점이에요.

오염 정화

폐수를 관리하고 수질 오염을 막는 것은 중요해요. 일부 도시에서는 항구와 같이 일반적으로는 물이 더러운 곳에서도 오염을 크게 줄여 사람들이 수영할 수 있다고 해요..

붉은 고기

대처 방법 59

신도시 계획
새로운 주택과 도시를 건설할 때 수도 시설은 꼭 필요해요. 많은 도시 계획가들은 토지를 파괴하지 않고, 홍수 때 물이 넘치는 평야인 범람원과 같은 구역을 그대로 두는 것이 얼마나 중요한지 깨닫기 시작했어요. 범람원은 물을 여과하고 저장하며 주변 지역을 홍수로부터 보호하지요.

모든 것의 관련성
우리가 지역의 수자원을 보호하는 방법은 물을 사용하고 관리하는 방식에 대해 더 신중하게 생각하는 것에서부터 시작돼요. 자연을 보호하는 것은 그저 좋은 일이 아니라, 우리의 수자원을 보호하기 위해 꼭 필요한 일이에요.

음식 선택
세계적으로 사람들은 많은 양의 고기를 먹어요. 고기를 생산하는 축산업은 대량의 담수를 사용해요. 우리 모두가 붉은 고기를 조금만 덜 먹는다면, 이 작은 변화가 큰 차이를 만들어 낼 거예요.

강에 나뭇가지로 댐을 짓는 비버들의 서식지를 보호하면 홍수를 막고 물을 보존하는 데 도움이 돼요.

전 세계적인 물 절약 방법

상수도는 일반적으로 한 지역 내의 지방 정부와 수도 회사로부터 공급돼요. 하지만 우리는 물이 인간이 만들어 놓은 국경과 경계와는 상관없다는 것을 알고 있어요. 지구의 물 공급을 보호하기 위해 전 세계 사람들이 모두 함께 노력해야 해요. 많은 영웅들이 이미 물을 절약할 뿐 아니라 모두 공평하게 깨끗한 물을 공급받을 수 있도록 노력하고 있어요.

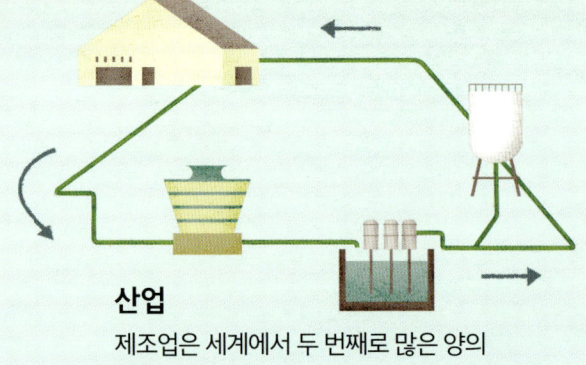

산업
제조업은 세계에서 두 번째로 많은 양의 물을 사용하는 산업이에요. 공장 내에서 물을 재활용하는 것은 엄청난 양의 물을 절약할 수 있는 방법이에요.

워터 스마트 단지를 위한 건조한 식물들

물 영웅들
직업은 다르지만 많은 사람들이 물을 보호하기 위해 열심히 노력하고 있어요. 아이디어를 공유하고 새롭게 도전하며 모든 사람이 물 절약의 중요성을 깨닫도록 힘써요.

자선 활동가 / 기업가 / 과학자

환경 단체
일부 환경 단체들은 물을 보호하기 위해 일해요. 습지를 복원하고 도시에 물을 덜 필요로 하는 식물을 심도록 권장하며 농부들이 더 나은 관개 기술을 사용하도록 도와주고 있어요.

농작물이 필요로 하는 양만큼의 물만 방울방울 공급하는 점적 관수

자선 단체
건조한 지역에서도 깨끗한 물을 사용할 수 있도록 돕고 있어요. 태양열 급수기와 같은 중요한 새 프로젝트를 위해 자금을 모으고, 정부가 물에 대한 더 나은 법률을 만들도록 설득해요.

태양열 급수기

세상에 알려 주세요

과학자

일부 과학자들은 세계 인구가 사용하는 물의 양을 계산하고 있어요. 세계 지도자들이 최선의 방법을 찾도록 도울 뿐 아니라 물을 정화하고 재사용하기 위한 독창적인 발명품을 개발하기도 해요.

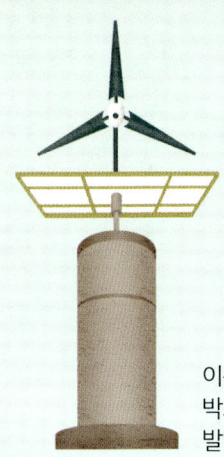

이동식 와타(WOTA) 박스는 폐수를 청소하는 발명품이에요.

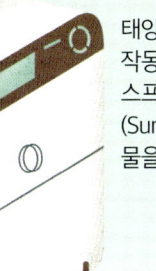

태양열 및 풍력으로 작동하는 선 스프링 하이브리드(SunSpring Hybrid)가 물을 정화해요.

농업

농업은 세계에서 가장 많은 물을 사용해요. 세계 지도자들은 충분한 식량을 생산하면서 동시에 물 사용량을 줄이기 위해 농부들과 협력하고 있어요.

환경 운동가 　 활동가 　 세계 지도자 　 농부

활동가

국제 캠페인은 물 보호에 대한 인식을 높여요. 활동가는 여러 지역을 다니며 사람들이 강의 오염 물질을 청소하는 것과 같은 중요한 물 문제로 캠페인을 벌여요.

매슬의 관련성

전 세계의 많은 사람과 단체가 함께 일하면서 물을 보호하기 위해 노력하고 있어요. 세계 지도자들은 국가간의 협력을 통해 모두가 미래에 깨끗하고 신뢰할 수 있는 수원을 가지도록 여러 의견에 귀 기울여야 해요.

물을 절약하는 방법이 있을까?

우리가 매일 사용하는 것들을 만드는 데 물이 필요해요. 운 좋게도 수도꼭지를 틀면 물이 나오는 곳에 살고 있다면, 물이 부족해진다는 것을 상상하기 어려울지도 몰라요. 하지만 지구는 신선하고 깨끗한 담수를 무한히 공급할 수 없으므로, 우리 모두 물을 보호하기 위해 각자 방법을 찾아서 실천해야 해요.

물을 아껴 써요

우리는 모두 세계적인 물 공급을 위해 노력해야 할 책임이 있어요. 각자 실천할 수 있는 여러 가지 방법이 있어요.

물을 덜 사용해요

가정에서 물을 아낄 방법을 찾아보세요. 우리가 사고 먹는 제품을 만드는 데 사용되는 물까지 생각해야 해요.

가정

64

쇼핑

66

음식
66

행동으로 옮기세요

물을 절약하고 보호할 수 있도록 목소리를 내세요. 우리가 모두 노력한다면, 아주 작은 행동일지라도 큰 변화를 만들 수 있어요.

큰 소리로 외쳐요

68

자연을 보호해요

68

다시 사용해요

69

물을 덜 사용해요

물을 똑똑하게 사용해요

가정에서 물 사용량을 줄이기 위해 어떤 방법들이 있을까요? 예를 들어 세탁기 사용을 줄이기 위해 정말 세탁이 필요한 옷들만 세탁하는 방법도 있어요. 어떤 방법들은 약간의 계획이 필요할 수도 있으며, 이전 습관을 버리고 새로운 습관을 만들어야 할 수도 있어요. 어떤 방법이 있는지 찾아볼까요?

빗물 사용

지붕에서 흘러내리는 빗물을 모으기 위한 물통을 설치해 보세요. 이렇게 모은 물은 많은 일들에 수돗물 대신 사용할 수 있어요.

식물에 물 주기 ← 45

자가 세차
물통에 빗물을 모아 두면 자동차, 자전거, 그리고 더러운 신발 등을 세탁하는 데 사용할 수 있어요.

친환경
빗물을 모아 식물에 물을 주면 식물에도 지구에도 훨씬 더 좋아요.

물을 덜 사용해요

친환경적인 소재
청소하기 전에 배수구로 내려가는 다양한 물질들이 물을 오염시킬 수 있다는 걸 생각하세요! 기존에 사용하던 물건 대신 더 친환경적인 소재로 만든 물건으로 바꾸세요.

화학 물질과 반짝이 같은 작은 플라스틱을 싱크대에 버리지 않도록 주의하세요.

수도꼭지 잠그기

똑똑하게 씻어요
이를 닦거나 손을 씻을 때 수도꼭지를 틀어 놓으면 매일 많은 양의 물이 낭비돼요. 물을 쓰지 않을 때는 수도꼭지를 잠그는 습관을 들이세요.

변기용 벽돌
가정에서 사용하는 물 중 거의 1/3은 변기 물로 떠내려가요. 변기 수조에 벽돌을 넣어 두면 변기 물을 내릴 때마다 물을 절약할 수 있어요.

똑똑하게 모아요
뜨거운 물은 바로 나오지 않아요. 뜨거운 물이 나올 때까지 그냥 흘러가는 찬물을 모아 활용하면 어떨까요?

매일의 관련성

집에서 물을 아끼며 현명하게 사용하는 것이 큰 변화를 만들어 낼 수 있어요. 작은 변화라도 우리가 모두 함께 노력한다면 많은 양의 물을 절약할 수 있어요. 가족과 친구들도 습관을 바꿀 수 있게 도와주세요.

물을 덜 사용해요

모든 것을 덜 사용해요

우리는 마시고 요리하고 씻는 등 삶의 거의 모든 부분에서 물을 사용해요. 하지만 그보다 훨씬 더 많은 양의 물이 농업과 산업에 사용되지요. 우리가 입고 있는 옷을 만들기 위해 목화를 기르고, 플라스틱 칫솔을 만들기 위해 석유를 추출하는 작업에 이르기까지 우리가 매일 필요로 하는 모든 것을 기르거나 만드는 데 물이 많이 필요해요. 따라서 지구의 물 공급을 보호하고 물 발자국을 줄이는 또 다른 좋은 방법은 물건을 덜 사는 거예요!

음식 선택

고기를 적게 먹어요

소는 가축 중 가장 많은 물이 필요해요. 소가 먹는 곡물을 기르기 위해 어머어마한 물이 필요하고 소가 먹는 물도 엄청나요. 햄버거 하나를 만드는 데 필요한 양의 쇠고기를 얻기 위해서는 600리터 이상의 물이 필요해요.

옷을 적게 사세요

목화는 따뜻한 기후에서 잘 자라는 물이 많이 필요한 작물 중 하나예요. 한 장의 티셔츠를 만드는 데 필요한 목화를 재배하기 위해서는 물로 가득 찬 욕조 18개가 필요해요!

신발 중에서도 가죽으로 만들어진 제품의 경우 엄청난 양의 물이 사용돼요.

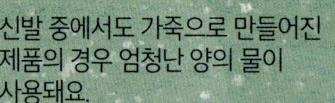

설탕을 적게 먹어요

사탕수수는 물을 많이 필요로 하는 작물 중 하나이기 때문에 우리가 설탕을 많이 섭취하면 할수록 점점 더 많은 사탕수수를 심어야 해요. 설탕은 우리 식단에 필수적이지 않기 때문에 설탕과 달콤한 간식을 덜 섭취하는 것이 물 발자국을 줄이는 건강한 방법일 수 있어요.

옷을 덜 세탁하세요

옷을 세탁하는 데 많은 양의 물이 사용돼요. 또 인조 섬유로 만든 의류를 세탁하면 미세한 플라스틱 섬유가 물속으로 배출되지요. 옷을 조금 더 오래 입고 세탁하세요.

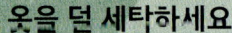

어디에나 사용되는 물

수도꼭지를 틀 때마다, 우리는 조금이라도 물을 낭비하고 있어요. 하지만 우리의 물 사용량은 단순히 배수구로 흘러가는 물뿐만 아니라 눈에 보이는 것 이상이에요. 우리가 사고 먹는 모든 것들을 생산하는 데에는 엄청난 양의 물이 필요하니까요.

물과의 관련성

우리가 사거나 집에 가지고 있는 거의 모든 것들은 우리에게 도달하기도 전에 이미 많은 양의 물을 사용했어요. 모든 사람이 물건을 덜 사고 고기를 덜 먹는 것은 물 보존에 큰 영향을 줄 수 있어요.

기기를 꺼 두세요

전기를 만들려면 발전기를 움직이기 위해 많은 양의 물을 사용해요. 기기가 완전히 충전되면 충전기를 항상 분리해 주세요!

멀리 떨어진 곳에서 사용되는 물

10리터의 담수 중 1리터만이 수도꼭지에 도달해요. 나머지는 플라스틱, 음식 또는 장난감을 만들기 위해 수천 미터 떨어진 곳에서 사용되지요. 구매를 줄이면 물 발자국도 줄일 수 있어요.

한 개의 플라스틱 물병을 만드는 데는 그 물병 안에 담긴 물보다 적어도 2배 이상의 물이 필요해요!

종이를 낭비하지 마세요

매년 4억 5천만 톤 이상의 종이가 생산돼요. 나무는 다시 자랄지 모르지만 종이를 만드는 데는 커다란 물 발자국을 남겨요. 사용하는 종이의 양을 줄이도록 노력해 보세요.

행동으로 옮기세요

세상에 알려 주세요

여러분은 아직 어려서 국가와 학교, 가정에서 규칙을 만들기 어렵지만 누군가에게 영향을 미치기에는 절대 어리지 않아요. 삶을 변화시킬 수 있는 아이디어를 생각해 냄으로써, 다른 사람들도 변하도록 영감을 줄 수 있어요.

물 영웅들

목소리를 내세요

가족과 친구들에게 물 문제에 대해 외치세요.
물의 소중함과 보호에 대해 이야기하며 함께 실천하도록 하세요.

자연을 보호하세요

나무와 식물은 물을 흡수하고 정화해요. 또한 토양에서 물이 빠져나가는 것을 막아 지하수 수위를 일정하게 유지하지요. 더 많은 나무를 심고 자연을 보호하는 것은 지역의 수자원을 보존할 수 있는 중요한 방법이에요.

조금 더 알아보세요

책이나 인터넷에서 물에 관한 정보를 찾아보거나, 학교에서 더 많은 것을 배울 수 있는지 선생님에게 물어보세요. 교육 프로그램이 있는 댐, 저수지 또는 하수 처리장으로의 체험 학습을 제안해서 물이 어떤 과정을 거치는지 알아보는 것도 좋은 방법이에요.

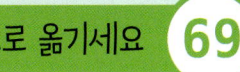

행동으로 옮기세요

31 섬유 산업

물과의 관련성

우리는 물 사용을 줄이고 세계적인 물 공급을 보호하기 위해 할 수 있는 모든 일을 해야 해요. 먼저 행동에 옮겨 다른 사람들에게 보여 줌으로써 많은 사람들에게 변화를 줄 수 있어요.

물 사용량을 관찰하세요

물을 덜 사용하려면 목욕보다 샤워하는 것이 좋아요. 샤워 시간을 비교해 자신과 가족, 그리고 친구들이 얼마나 많은 물을 사용하는지 관찰해 보세요.

한 걸음씩

한 번에 모든 것을 해결하려는 노력은 버거울 수 있어요. 가정 또는 학교에서 물을 아끼는 방법을 하나씩 실천해 보세요. 고기 대신 채소를 더 많이 먹는 것도 방법이 될 수 있어요. 사람들의 변화를 이끌 수 있는 방법을 생각해 보세요.

재사용하세요

새 옷을 만드는 데 많은 양의 물이 사용되므로 사람들이 입지 않는 옷을 재사용할 수 있도록 재미있는 방법을 찾아보세요. 바자회를 열어서 옷, 장난감, 게임기 등과 교환할 수 있겠지요.

용어 해설

가뭄: 한 지역에 평균보다 적은 비가 내려 발생하는 메마른 날씨

강수량: 일정 기간 동안 일정한 곳에 비, 눈, 진눈깨비 또는 우박과 같이 대기에서 떨어진 물의 양

관개: 식물을 기르거나 농사를 짓는 데 필요한 물을 공급하는 것

기후: 일정한 지역에서 여러 해에 걸쳐 나타난 기온, 비, 눈, 바람 따위의 평균 상태

기후 변화: 세계적으로 나타나는 기후의 지속적인 변화

담수화: 바닷물에서 소금기를 제거하여 담수를 만드는 과정

대기: 지구를 둘러싸고 있는 공기

대수층: 많은 양의 지하수가 있는 지층

댐: 물의 흐름을 막거나 바꾸기 위해 만들어진 장벽. 댐은 인간뿐 아니라 비버와 같은 동물이 만들기도 함.

물 발자국: 제품을 만들고 사용하고 폐기하는 데 쓰이는 물의 총량

물 부족: 한 지역에서 생활하는 데 필요한 물이 모자란 상태

물 순환: 바다에서 하늘로, 땅으로, 다시 바다로 돌고 도는 물의 지속적인 여정

물 스트레스: 한 지역에 있는 담수 중 1/4 이상을 사람들이 사용하고 있는 불안한 상태

미생물: 단일한 박테리아와 같이 현미경을 통해서만 볼 수 있는 아주 작은 생물

바이오 연료: 농작물이나 음식물 쓰레기와 같은 생물의 폐기물을 이용하여 생산되는 연료

분자: 원자들이 결합한 집합체. 물 분자는 두 개의 수소 원자와 한 개의 산소 원자가 결합된 것으로 모든 물질은 분자로 이루어져 있다.

비료: 식물이 더 빠르고 크게 자랄 수 있도록 돕는 화학 물질

빙하: 느린 속도로 움직이는, 수백 수천 년 동안 쌓인 거대한 얼음덩어리

생태계: 모든 생물이 살아가는 환경이 하나의 단위로 기능하는 생명 공동체

서식지: 동물이나 식물이 주로 살거나 자라는 곳

세포: 생물체를 이루는 가장 기본 단위. 수십억 개의 세포가 함께 작용하여 생물의 기능을 도와준다.

세포막: 세포의 내용물을 둘러싸고 있는 매우 얇은 층

세포질: 세포의 내부를 채우고 있는 핵을 제외한 젤리 같은 액체

수액: 식물 내부를 이동하며 물, 영양분 및 기타 물질을 식물의 다른 부분으로 운반하는 액체

수원지: 물이 나오는 근원이 되는 곳

수증기: 기체 형태의 물

스마트 기술: 자료를 수집하고 인공 지능을 활용하여 작업을 수행하는 현대적인 기술 및 방법

여과: 액체 속에 들어 있는 입자나 오염 물질을 걸러 내는 과정

오염: 해로운 영향을 미치는 물질이 발견되거나 첨가되어 더러워진 상태

우물: 물을 얻기 위해 땅을 파서 만들어 놓은 시설

원자: 모든 물질의 기본 구성 요소가 되는 작은 입자

유역: 강이나 호수 등 물이 흐르는 토지의 구역

응결: 온도가 낮아지거나 압축에 의하여 기체가 액체로 변하는 것

이주: 새로운 지역이나 국가로 사람들이 이동하는 것

인공 강우: 구름에 물질을 첨가하여 인공적으로 빗방울을 만들어 내리는 비

재활용: 사용한 물질이나 물건을 다시 사용할 수 있도록 바꾸는 것

저수지: 자연적으로 발생하거나 인공적으로 만들어지는 큰 못

조류: 물속에 살며 태양 에너지를 이용하여 스스로 영양 생활을 하는 생물

중력: 서로 다른 물체 사이의 잡아당기는 힘. 지구상에서 모든 물체가 땅으로 떨어지는 원인이 된다.

증발: 어떤 물질이 액체 상태에서 기체 상태로 변하는 것

지표수: 강, 호수, 습지 또는 바다의 지표면에 모인 물

지하수: 지하에서 발견되는 물로, 흔히 토양 입자나 바위 사이의 공간에서 발견된다.

지하수면: 땅속의 지하수가 있는 표면

탈수: 사람이 필요한 물을 충분히 섭취하지 못할 때 일어나는 증상

폐수: 가정, 공장 또는 광산 등에서 사용되고 버려진 물

하수: 보통 주택이나 건물 등에서 쓰고 버려져 하수관이라 부르는 지하 수로로 흘러 들어가는 물

하수 처리: 하수 속의 침전물과 오염 물질 등을 제거하고 정화하는 과정

홍수: 비가 많이 와서 강이나 개천에 갑자기 물이 크게 불어난 현상

화석 연료: 수백만 년 전에 살았던 식물이나 동물의 잔해로부터 형성된 석탄, 석유, 천연가스를 말하며 에너지를 포함하고 있다.

찾아보기

- 가뭄 49, 50-51, 52, 57
- 가축 26-27, 49, 66
- 강 8, 10, 11, 13, 16, 26, 33, 34-35, 36, 37, 39, 40, 41, 46-47, 53, 61
- 개울 11, 32, 34, 68
- 관개 26, 51, 56, 57, 60
- 구름 6, 10, 16, 57
- 금성의 바다 17
- 기름 유출 47
- 기후 변화 48, 50-51, 52
- 난방 25, 26, 28, 29
- 날씨 50-51
- 냉각 27, 28, 29
- 농업 25, 26-27, 48, 49, 51, 53, 57, 59, 60, 61, 66
- 농작물 26-27, 48
- 누수 39, 48, 58
- 늪지 8
- 담수화 39, 57
- 대기 9, 10, 50
- 대수층 36-37, 48, 56
- 댐 34, 39, 53
- 동물 14, 15, 16, 18-19, 20-21, 46-47
- 만년설 6, 8, 13, 16
- 물 부족 42, 44-45, 48-49, 52, 56-57
- 물 분쟁 52-53
- 물 순환 7, 10-13, 40, 44, 48
- 물 스트레스 48-49, 51, 52, 56-57
- 물의 상태 7, 8-9, 10, 50
- 물의 이동 52-53
- 미생물 46
- 바람 10-11, 21, 50
- 바이오 연료 31
- 박테리아 12, 38, 41
- 발전소 31, 47
- 배수관 40-41
- 분자, 물 8, 18
- 비 6, 11, 13, 20, 21, 26, 28, 30, 33, 34-35, 37, 39, 44-45, 46, 49, 50-51, 57, 64
- 비료 46

- 빙산 8, 57
- 빙하 8, 13, 34, 50
- 사막 20-21
- 산 8
- 산호초 47
- 살충제 26
- 생명체 6, 7, 9, 14-23, 16-17, 46, 47
- 생물 18-19, 22-23
- 생태계 47, 55
- 서식지 46, 48, 59
- 세탁 28-29, 44, 45, 64-65, 66, 69
- 세포 14, 18-19, 22
- 소금 12-13, 39, 57
- 수도 사업 38-41
- 수성의 얼음 17
- 수원 13, 15, 21, 32-39, 45, 49, 51, 52-53, 56-57, 60
- 수증기 8, 10, 22
- 스포츠 23, 28
- 습지 51, 60
- 식물 14, 15, 16, 18-19, 20-21, 45, 46-47
- 식수 13, 22-23, 24, 25, 28, 39, 44, 45, 46
- 식품 16, 18-19, 20, 23, 24, 25, 27, 29, 40, 48, 49, 51, 59, 61, 66, 67
- 신기술 56-57
- 안개 8, 20, 21
- 암석 8, 11, 12, 17, 34, 36
- 압력 19
- 얼음 6, 8, 9, 11, 13, 16, 17, 57
- 에너지 25, 30-31, 39, 57
- 오염 13, 26, 27, 40-41, 43, 46-47, 50, 58, 61
- 온도(기온) 19, 20-21, 23
- 옷 24, 25, 29, 30, 31, 45, 64, 66, 67, 69
- 요리 25, 28, 66
- 용해 12-13, 18, 19, 26
- 우박 8, 11
- 우주에서의 색 6, 12
- 운송 24, 30, 39, 44, 48-49

- 음식 40
- 응축 10-11, 20, 21
- 인간 15, 16, 22-23, 46-47
- 인터넷 24, 25, 30
- 자동차 30-31, 64
- 장난감 30, 69
- 재활용 7, 10, 11, 40, 41
- 저수지 32, 33, 34, 39, 45, 51, 68
- 전기 24, 25, 30, 67
- 정원 가꾸기(정원, 식물에 물주기) 28, 45, 64
- 제조 24, 25, 30-31, 60
- 조수 8
- 종이 24, 31, 67
- 중력 11, 18, 35
- 증발 10-11, 12, 17, 21, 23, 37
- 지구 6, 7, 8-13, 16-17, 44, 51, 66
- 지표수 36-37, 50-51
- 지하수 9, 13, 21, 34, 36, 50-51, 68
- 질병 46
- 청소 24, 27, 28, 33, 38, 41, 58, 61
- 캠페인 61, 63, 68-69
- 탈수 22
- 태양 10, 18
- 토양 8, 12, 18, 21, 31, 34, 36, 37, 57
- 폐수 33, 40-41, 47, 58, 61
- 플라스틱 쓰레기 40, 46-47
- 하수관 40-41, 46
- 하수처리 38-39, 40-41
- 해수면 상승 50
- 해양과 바다 8, 10, 11, 12, 16, 17, 40, 41, 47, 57
- 호수 8, 11, 12, 13, 33, 34, 36, 37, 40, 41, 45, 46, 51
- 홍수 50, 59
- 화석 연료 50
- 화성의 반년설 17
- 화장실 25, 28, 29, 40, 44, 45, 56, 58, 65, 66
- 화학 물질 46, 47
- 환경 38, 41, 60

이사벨 토마스(Isabel Thomas) 글
어린이들을 위한 과학과 자연에 관한 책으로 상을 받은 작가예요. 2020년 AAAS 스바루 우수 과학 도서상을 받았어요. 이사벨은 어린이 과학 잡지인 TWJ 사이언스+네이처와 휘즈팝뱅에 글을 쓰고 있어요. 웰컴 트러스트의 익스플로리파이 교육 자료 및 옥스퍼드 대학의 STEM 미래를 위한 부모 프로젝트를 포함한 과학 지원 프로젝트의 콘텐츠도 제작해요.

엘 프리모 라몬(El Primo Ramón) 그림
대서양 연안에서 태어났으며, 건축가와 그래픽 디자이너로 일했어요. 그래픽 표현학으로 박사 학위를 받았지만, 일러스트에 대한 열정으로 하던 일을 포기하고 어린이책과 잡지 등에 멋진 작품을 그리고 있어요.

박정화 옮김
단국대학교 대학원에서 영문학을 전공하고 동대학원에서 영문학 박사 학위를 받았어요. 현재 단국대학교에서 강의를 하면서 어린이책 번역가로 활동하고 있어요. 옮긴 책으로 「시니 소마라 박사가 들려주는 직업 이야기 시리즈」 『돌아온, 할머니는 도둑』 등이 있어요.

지구를 살리는 환경 이야기 물은 소중해요

이사벨 토마스 글 · 엘 프리모 라몬 그림 · 미시간 대학의 사라 휴즈 교수 서문 · 박정화 옮김

처음 펴낸날 2024년 1월 25일
펴낸이 · 김금순
펴낸곳 · 디엔비스토리
출판등록 · 제2013-000080호
주소 · 서울 광진구 천호대로 709-9 음연빌딩 2층
전화 · (02)716-0767   팩스 · (02)716-0768
이메일 · ibananabook@naver.com
블로그 · www.bananabook.co.kr

Are We Running Out of Water?:
Mind Mappers—Making Difficult Subjects Easy To Understand
by Isabel Thomas (Author), El Primo Ramón (Illustrator)
Copyright © Weldon Owen 2022
Korean translation rights © DNB Story Co. Bananabook, 2024
Published by arrangement with Weldon Owen, an imprint of Insight Editions USA through AMO Agency, Korea.
No Part of this book may be reproduced in any form without written permission from the publisher.

이 책의 한국어판 저작권은 AMO 에이전시를 통해 저작권자와 독점 계약한 디엔비스토리(도서출판 바나나북)에 있습니다.
저작권법에 의해 보호를 받는 저작물이므로 무단 전재와 무단 복제를 금합니다.
KC마크는 이 제품이 공통안전기준에 적합하였음을 의미합니다.
ISBN 979-11-88064-43-4 74470

- 바나나북은 크레용하우스의 임프린트이며 디엔비스토리의 아동·청소년 브랜드입니다.